Rechtsrahmen der Cybersicherheit und Privatheit

Reihe herausgegeben von

Annika Selzer, ATHENE
Fraunhofer-Institut für Sichere Informationstechnologie
Darmstadt, Deutschland

In dieser Reihe erscheinen Konferenzbände, Herausgeberwerke und Dissertationen des Nationalen Forschungszentrums für angewandte Cybersicherheit ATHENE im Themenschwerpunkt „Rechtsrahmen der Cybersicherheit und Privatheit".

Annika Selzer • Sarah Stummer
Tanya Gärtner • Ines Geissler
Amelie Sluiter

Datenschutzrecht kompakt

Das Wichtigste auf einen Blick

Springer Vieweg

Annika Selzer
ATHENE, Fraunhofer-Institut für
Sichere Informationstechnologie
Darmstadt, Deutschland

Sarah Stummer
ATHENE, Fraunhofer-Institut für
Sichere Informationstechnologie
Darmstadt, Deutschland

Tanya Gärtner
ATHENE, Fraunhofer-Institut für
Sichere Informationstechnologie
Darmstadt, Deutschland

Ines Geissler
Rödermark, Deutschland

Amelie Sluiter
ATHENE, Fraunhofer-Institut für
Sichere Informationstechnologie
Darmstadt, Deutschland

ISSN 3059-4243 ISSN 3059-4251 (electronic)
Rechtsrahmen der Cybersicherheit und Privatheit
ISBN 978-3-658-51741-0 ISBN 978-3-658-51742-7 (eBook)
https://doi.org/10.1007/978-3-658-51742-7

Dieses Buch ist eine Open-Access-Publikation.

Die Deutsche Nationalbibliothek verzeichnet diese Publikation in der Deutschen Nationalbibliografie; detaillierte bibliografische Daten sind im Internet über https://portal.dnb.de abrufbar.

Planung/Lektorat: David Imgrund
Springer Vieweg ist ein Imprint der eingetragenen Gesellschaft Springer Fachmedien Wiesbaden GmbH und ist ein Teil von Springer Nature.
Die Anschrift der Gesellschaft ist: Abraham-Lincoln-Str. 46, 65189 Wiesbaden, Germany

Interessenkonflikt Die Autor*innen haben keine relevanten Interessenskonflikte im Zusammenhang mit dieser Publikation.

Inhaltsverzeichnis

Über die Autorin

Dr. iur. Dr. rer. nat. Annika Selzer Leiterin der Forschungsabteilung „IT-Law & Interdisciplinary Privacy Research" am Fraunhofer SIT; Koordinatorin des Forschungsbereichs „Legal Aspects of Privacy & IT-Security" am Nationalen Forschungszentrum für angewandte Cybersicherheit ATHENE; Autorin zahlreicher Fachpublikationen; Lehrbeauftragte an mehreren Universitäten

Sarah Stummer LL.M Rechtswissenschaftlerin am Nationalen Forschungszentrum für angewandte Cybersicherheit ATHENE und am Fraunhofer SIT; stellvertretende Datenschutzkoordinatorin am Fraunhofer SIT; Senior Researcher am HNFIZ7; Doktorandin an der Universität Augsburg

Tanya Gärtner M. Iur Wissenschaftliche Mitarbeiterin der Forschungsabteilung „IT-Law & Interdisciplinary Privacy Research" am Fraunhofer SIT und am Nationalen Forschungszentrum für angewandte Cybersicherheit ATHENE

Ines Geissler LL.M Studium des Studium des Informationsrechts und des internationalen Lizenzrechts an der Hochschule Darmstadt; Referentin für Datenschutz und Compliance in einem international tätigen Konzern der Baustoffindustrie

Amelie Sluiter Dipl. Iur Wissenschaftliche Mitarbeiterin der Forschungsabteilung „IT-Law & Interdisciplinary Privacy Research" am Fraunhofer SIT und am Nationalen Forschungszentrum für angewandte Cybersicherheit ATHENE

Abkürzungsverzeichnis

a. A.	andere Ansicht
Abs.	Absatz
AG	Amtsgericht
AGB	Allgemeine Geschäftsbedingungen
Alt.	Alternative
AO	Abgabenordnung
ArbR	Arbeitsrecht Aktuell (Zeitschrift)
Art.	Artikel
BAG	Bundesarbeitsgericht
BB	Betriebsberater (Zeitschrift)
BDSG	Bundesdatenschutzgesetz, ab 25.5.2018
Begr.	Begründung
BetrVG	Betriebsverfassungsgesetz
BGB	Bürgerliches Gesetzbuch
BGH	Bundesgerichtshof
BR	Betriebsrat
BSI	Bundesamt für Sicherheit in der Informationstechnik
BT-Drs.	Bundestags-Drucksache(n)
BvD	Berufsverband der Datenschutzbeauftragten Deutschlands
BVerfG	Bundesverfassungsgericht
bzw.	beziehungsweise
CR	Computer und Recht (Zeitschrift)
d. h.	das heißt
DÖV	Die Öffentliche Verwaltung (Zeitschrift)
Dr.	Doktor

DSAnpUG-EU	Gesetz zur Anpassung des Datenschutzrechts an die Verordnung (EU) 2016/679 und zur Umsetzung der Richtlinie (EU) 2016/680 („Datenschutz-Anpassungs- und -Umsetzungsgesetz EU“)
DSB	Datenschutzbeauftragter
DSB	Datenschutz-Berater (Zeitschrift)
DSFA	Datenschutz-Folgenabschätzung
DSGVO	Verordnung (EU) 2016/679 des Europäischen Parlaments und des Rates vom 27. April 2016 zum Schutz natürlicher Personen bei der Verarbeitung personenbezogener Daten, zum freien Datenverkehr und zur Aufhebung der Richtlinie 95/46/EG („Datenschutz-Grundverordnung“)
DSK	Konferenz der unabhängigen Datenschutzbehörden des Bundes und der Länder („Datenschutzkonferenz“)
DSRITB	Deutsche Stiftung für Recht und Informatik-Tagungsband
DStR	Deutsches Steuerrecht (Zeitschrift)
DuD	Zeitschrift für Datenschutz und Datensicherheit
E-Commerce-RL	Richtlinie 2000/31/EG des Europäischen Parlaments und des Rates vom 8. Juni 2000 über bestimmte rechtliche Aspekte der Dienste der Informationsgesellschaft, insbesondere des elektronischen Geschäftsverkehrs, im Binnenmarkt
EDPL	European Data Protection Law Review
EDSA	Europäischer Datenschutzausschuss
EDSB	Europäischer Datenschutzbeauftragter
EG	Europäische Gemeinschaft
E-Mail	Electronic Mail
EMRK	Konvention zum Schutze der Menschenrechte und Grundfreiheiten
ePrivacy-RL	Richtlinie 2002/58/EG des Europäischen Parlaments und des Rates vom 12. Juli 2002 über die Verarbeitung personenbezogener Daten und den Schutz der Privatsphäre in der elektronischen Kommunikation
Erwgr.	Erwägungsgrund
etc.	et cetera
EU	Europäische Union
EuGH	Europäischer Gerichtshof
EUV	Vertrag über die Europäische Union
EuZW	Europäische Zeitschrift für Wirtschaftsrecht
e. V.	eingetragener Verein

EWR	Europäischer Wirtschaftsraum
f.	folgende
Fax	Telefax/Fernkopie
ff.	folgende (Plural)
Fn.	Fußnote
GDD	Gesellschaft für Datenschutz und Datensicherheit
gem.	gemäß
GG	Grundgesetz für die Bundesrepublik Deutschland
ggf.	gegebenenfalls
GmbH	Gesellschaft mit beschränkter Haftung
GRCh	Charta der Grundrechte der Europäischen Union
grds.	grundsätzlich
GVG	Gerichtsverfassungsgesetz
HGB	Handelsgesetzbuch
HR	Human Resources/Personalmanagement
Hrsg.	Herausgeber
Hs.	Halbsatz
i. d. R.	in der Regel
Insb.	insbesondere
i. R. d.	im Rahmen der/des
i. R. v.	im Rahmen von
i. S. d.	im Sinne der/des
i. S. v.	im Sinne von
IT	Informationstechnologie
ITRB	IT-Rechtsberater (Zeitschrift)
i. Ü.	im Übrigen
i. V. m.	in Verbindung mit
JuS	Juristische Schulung (Zeitschrift)
Kap.	Kapitel
K&R	Kommunikation und Recht (Zeitschrift)
LDA	Landesamt für Datenschutzaufsicht
LDSG	Landesdatenschutzgesetz
LfD	Landesbeauftragter für den Datenschutz (und die Informationsfreiheit)
LG	Landgericht
lit.	littera, Buchstabe
LL.M.	Legum Magister
MMR	Multimedia und Recht (Zeitschrift)
NJW	Neue Juristische Wochenschrift (Zeitschrift)

Nr.	Nummer
NRW	Nordrhein-Westfalen
NVwZ	Neue Zeitschrift für Verwaltungsrecht
NZA	Neue Zeitschrift für Arbeitsrecht
NZWiSt	Neue Zeitschrift für Wirtschafts-, Steuer- und Unternehmensstrafrecht
o. Ä.	oder Ähnliche(s)
o. g.	oben genannt(e/n)
OK	Online-Kommentar
OLG	Oberlandesgericht
OWiG	Gesetz über Ordnungswidrigkeiten
Rdnr.	Randnummer
RDV	Recht der Datenverarbeitung (Zeitschrift)
RL	Richtlinie
Rspr.	Rechtsprechung
S.	Seite/Satz/Siehe
s.	siehe
SGB	Sozialgesetzbuch
sog.	sogenannt(-e/-er/-es)
StGB	Strafgesetzbuch
StPO	Strafprozessordnung
StVZO –	Straßenverkehrs-Zulassungs-Ordnung
TKG	Telekommunikationsgesetz
TMG	Telemediengesetz
TOM	Technische und organisatorische Maßnahmen
TDDDG	Telekommunikation-Digitale-Dienste-Datenschutz-Gesetz
u. a.	unter anderen/unter anderem
UAbs.	Unterabsatz
UKLaG	Unterlassungsklagengesetz
UrhG	Urheberrechtsgesetz
Urt.	Urteil
US	United States
USA	United States of America
usw.	Und so weiter
u. U.	unter Umständen
UWG	Gesetz gegen den unlauteren Wettbewerb
v.	von (dem), vom
v. a.	vor allem
VerwArch	Verwaltungsarchiv (Zeitschrift)

VG	Verwaltungsgericht
VO	Verordnung
WP	Working Paper
WWW	World Wide Web
z. B.	zum Beispiel
ZD	Zeitschrift für Datenschutz
ZG	Zeitschrift für Gesetzgebung
ZIP	Zeitschrift für Wirtschaftsrecht
ZPO	Zivilprozessordnung
ZRP	Zeitschrift für Rechtspolitik
z. T.	zum Teil
ZUM	Zeitschrift für Urheber- und Medienrecht

1 Einführung in das Datenschutzrecht

1.1 Schutzumfang

Bei manchen Menschen führt der Begriff „Datenschutzrecht" zu der Assoziation, dass durch das Datenschutzrecht Daten geschützt werden sollen, vielmehr schützt das Datenschutzrecht jedoch natürliche Personen bei der Verarbeitung ihrer personenbezogenen Daten (diese Personen werden im Datenschutzrecht „betroffene Personen" genannt). Z. B. werden Sie selbst geschützt, wenn die Organisation, für die Sie arbeiten, das Geschäft, in dem Sie einkaufen, oder der Verein, in dem Sie Mitglied sind, Ihre personenbezogenen Daten verarbeitet. Geschützt werden Sie vor Eingriffen in Ihre Grundrechte und Grundfreiheiten, sofern diese von der personenbezogenen Datenverarbeitung betroffen sind.

1.2 Datenschutz vs. Informationssicherheit

Viele Menschen benutzen die Begriffe „Datenschutz" und „Datensicherheit" umgangssprachlich als synonyme Begriffe. Die beiden Begriffe haben allerdings unterschiedliche Bedeutungen.

Während sich der **Datenschutz** mit dem **Schutz natürlicher Personen** vor Eingriffen in Grundrechte und Grundfreiheiten bei der Verarbeitung personenbezogener Daten beschäftigt, befasst sich die Datensicherheit mit dem Schutz vor unrechtmäßiger Nutzung von Daten bzw. mit der Reduktion des Risikos einer solchen unrechtmäßigen Nutzung.

Datensicherheit ist also das, was viele Menschen hinter dem Begriff des „Datenschutzes" erwarten, nämlich das Ergreifen von Maßnahmen zum **Schutz von Daten.**

A. Selzer et al., *Datenschutzrecht kompakt*, Rechtsrahmen der Cybersicherheit und Privatheit,
https://doi.org/10.1007/978-3-658-51742-7_1

Der Begriff „Datensicherheit" findet allerdings als Fachbegriff heutzutage kaum noch Verwendung. Je nach dem im Kontext der Begriffsverwendung genutzten Abstraktionsniveau, kann er mit „IT-Sicherheit" (technische Ebene) oder „Informationssicherheit" (allgemeinere Ebene) „übersetzt" werden. Im Folgenden, wird deshalb der Begriff „Datensicherheit" auch nicht weiter verwendet. Maßnahmen zur Informationssicherheit sind grundsätzlich nicht auf den Verarbeitungskontext personenbezogener Daten beschränkt, sondern betreffen die Verarbeitung all jener Daten, die für eine Organisation schutzwürdig sind. So können für eine Organisation u. a. auch Angebotszahlen, Rezepturen und die Auslastung von Produktionsmaschinen besonders schutzwürdig sein, ohne dass sie einen Personenbezug aufweisen.[1]

Eine große Überschneidung der Datensicherheit und des Datenschutzes findet sich jedoch beim Ergreifen von technischen und organisatorischen Maßnahmen, die die Sicherheit der Daten bzw. der Verarbeitung gewährleisten sollen.

1.3 Regelungsgegenstand

Das Datenschutzrecht, so wie wir es in Europa und speziell in Deutschland kennen und anwenden, regelt wichtige Grundprinzipien zum Umgang mit personenbezogenen Daten. So dürfen personenbezogene Daten nur dann verarbeitet werden, wenn eine **einschlägige Rechtsgrundlage** – wie z. B. die Einwilligung der von der Datenverarbeitung betroffenen Person – vorliegt und die personenbezogenen Daten sachlich richtig sind. Personenbezogene Daten dürfen des Weiteren nur für eindeutige und **legitime Zwecke** erhoben werden, die bereits vor Beginn der Datenverarbeitung festgelegt werden müssen und die nach der Datenerhebung nicht mehr ohne Weiteres geändert werden dürfen. Auch müssen personenbezogene Daten dem Zweck angemessen und erheblich sowie auf das für die Zwecke der Verarbeitung **notwendige Maß beschränkt** sein, und sie dürfen nur so lange gespeichert werden, wie dies zur Erreichung des Verarbeitungszwecks **erforderlich** ist.

Das Datenschutzrecht regelt auch eine Reihe von **Rechten der betroffenen Personen**. So muss die betroffene Person vor Beginn der Datenverarbeitung umfangreich über die bevorstehende Datenverarbeitung informiert werden. Sie erhält bezüglich ihrer personenbezogenen Daten u. a. das Recht auf Auskunft, Berichtigung und Löschung.

---

[1] *Von dem Bussche* in *Kipker,* Cybersecurity, Rdnr. 111–114; *Dinger/Hartenstein*, Netzwerk- und IT-Sicherheitsmanagement, S. 276; *Grigat/Jurecz/Kirschner/Seidel/Stepanek/Schmidtmann*, Kosten der IT-Sicherheit, S. 41.

Darüber hinaus regelt das Datenschutzrecht, welche **datenschutzrechtliche Rolle** eine Organisation einnimmt, die personenbezogene Daten verarbeitet. Die sind entweder Verantwortlicher i. S. d. Art. 24 DSGVO (auch gemeinsam mit einer anderen verantwortlichen Stelle gem. Art. 26 DSGVO) oder sog. „Auftragsverarbeiter" i. S. d. Art. 28 DSGVO. Je nachdem welche Rolle einer Person oder Organisation zukommen, ergeben sich verschiedene Rechten und Pflichten aus dem Datenschutzrecht.

Sowohl (gemeinsam) Verantwortliche als auch Auftragsverarbeiter werden durch das Datenschutzrecht zur Implementierung sog. **technischer und organisatorischer Maßnahmen** verpflichtet. Zu diesen Maßnahmen zählen u. a. die Verschlüsselung und Pseudonymisierung personenbezogener Daten.

Sofern personenbezogene Daten in **Drittstaaten** – das bedeutet außerhalb des Europäischen Wirtschaftsraums – verarbeitet werden sollen, müssen zusätzliche Garantien sicherstellen, dass die personenbezogenen Daten auch im Drittstaat einem mit dem Datenschutzniveau innerhalb des Europäischen Wirtschaftsraums vergleichbaren Schutz unterliegen.

Des Weiteren regelt das Datenschutzrecht die Pflicht, die Umsetzung des Datenschutzrechts umfangreich zu **dokumentieren** und in bestimmten Fällen einen Datenschutzbeauftragten zu bestellen, der in der Organisation der erste Ansprechpartner für alle Fragen zum Datenschutz ist.

Schließlich regelt das Datenschutzrecht auch noch **Strafen und Bußgelder,** die im Fall von Datenschutzverstößen verhängt werden können, sowie die Rechte und Pflichten der im Einzelfall zuständigen Aufsichtsbehörden und die Regeln zur Zusammenarbeit der Aufsichtsbehörden.

Auf all diese Aspekte soll im Verlauf dieses Buchs genauer eingegangen werden.

1.4 Relevanz für Jedermann

Denken Sie an Ihr peinlichstes Erlebnis oder an Ihr wichtigstes Geheimnis: Wie würden Sie sich fühlen, wenn Sie dem Mitarbeiter einer Organisation gegenüberstehen und Sie nicht wüssten, ob dieser hierüber Kenntnis hat?

Wie bereits erwähnt, werden Sie durch das Datenschutzrecht vor Eingriffen in Ihre Grundrechte und Grundfreiheiten geschützt, sofern diese im Zusammenhang mit der Verarbeitung Ihrer personenbezogenen Daten stehen. Durch das Datenschutzrecht wird sichergestellt, dass Sie i. d. R. vor einer Datenerhebung darüber Bescheid wissen, welche Ihrer personenbezogenen Daten durch wen und aus welchem Grund verarbeitet werden sollen. In vielen Fällen haben Sie sogar die Möglichkeit, aktiv in die bevorstehende Datenverarbeitung einzuwilligen oder –

sofern Sie mit der Datenverarbeitung nicht (mehr) einverstanden sind – diese zu verwehren bzw. zu widerrufen. Auch dürfen Sie erfragen, welche Ihrer personenbezogenen Daten von einer bestimmten Organisation verarbeitet werden, und können in einigen Fällen einen Antrag auf Löschung dieser Daten stellen.

Durch das Datenschutzrecht werden Sie also einerseits in die Lage versetzt, genau zu wissen, welche Organisation was über Sie weiß, andererseits werden Sie in vielen Fällen in die Lage versetzt, aktiv Einfluss auf die Datenverarbeitung zu nehmen, also z. B. selbst zu entscheiden, welcher Organisation Sie Ihre persönlichen Daten (und Geheimnisse) anvertrauen möchten.

1.5 Relevanz für Organisationen

Häufig ist einer der Hauptgründe der Umsetzung datenschutzrechtlicher Anforderungen aus Sicht von Organisationen die Vermeidung von Bußgeldern und Schadensersatzansprüchen. Auch die Vermeidung von Reputationsschäden durch Datenpannen ist häufig ein Motivator zur Umsetzung datenschutzrechtlicher Anforderungen.

In den meisten Organisationen gibt es – neben personenbezogenen Daten – solche Daten, die die Organisation für besonders schutzwürdig hält. Wie bereits erwähnt können das z. B. Angebotszahlen, Rezepturen und die Auslastung von Produktionsmaschinen sein. Der Schutz vor unrechtmäßiger Nutzung dieser Daten ist für Organisationen i. d. R. unmittelbar mit einem finanziellen Wert verknüpft. Würde z. B. die Information zur Höhe eines abgegebenen Angebots in die Hände eines Mitbewerbers gelangen, müsste die Organisation mit hohen finanziellen Einbußen rechnen, wenn der Mitbewerber diese Information nutzen würde, um das abgegebene Angebot zu unterbieten. Vor diesem Hintergrund treffen die meisten Organisationen bereits aus einem Eigeninteresse heraus eine Vielzahl technischer und organisatorischer Maßnahmen, um z. B. Wirtschaftsspionage zu erschweren. Meist setzen diese getroffenen Maßnahmen gleichzeitig auch wichtige Anforderungen des Datenschutzrechts um und können somit auch für die Verarbeitung personenbezogener Daten einen großen Nutzen bedeuten.[2]

[2] *Selzer/Woods/Böhme*, EDPL 2021, 456 (456 ff.). Für die gesamte Einführung: *Selzer* in *Selzer*, Studienkommentar Datenschutz, Einführung.

Datenschutz in Deutschland und Europa

2

In diesem Kapitel werden wichtige Rechtsakte des Datenschutzrechts in Deutschland und Europa benannt, die grundrechtliche Verankerung des Datenschutzrechts skizziert, sowie der Anwendungsbereich der DSGVO als zentraler Rechtsakt des Datenschutzrechts in Europa erläutert.

2.1 Wichtige Rechtsakte des Datenschutzrechts

2.1.1 Die Datenschutz-Grundverordnung

Die Datenschutz-Grundverordnung (kurz: DSGVO) ist der zentrale Rechtsakt des europäischen Datenschutzrechts. Sie hat den Rechtscharakter einer EU-Verordnung und ist somit in den EU-Mitgliedsstaaten unmittelbar anwendbar.[1] Die DSGVO enthält Vorschriften zum Schutz natürlicher Personen bei der Verarbeitung personenbezogener Daten und solche zum freien Verkehr dieser Daten.[2] Sie schützt die Grundrechte und Grundfreiheiten natürlicher Personen, ebenso wie den freien Verkehr personenbezogener Daten in der Union.[3]

Zu diesen Zwecken führt die DSGVO unter anderem Grundsätze wie die Rechtmäßigkeit, Transparenz und Zweckbindung der Datenverarbeitung ein. Sie verpflichtet Unternehmen angemessene technisch-organisatorische Maßnahmen zum

[1] Art. 288 UA 2 AEUV¸ *Jorzig/Sarangi,* Digitalisierung im Gesundheitswesen, Teil II Abschn. 7.2 S.52 f.

[2] Vgl. Art. 1 Abs. 1 DSGVO.

[3] Vgl. Art. 1 Abs. 2 und 3 DSGVO.

A. Selzer et al., *Datenschutzrecht kompakt*, Rechtsrahmen der Cybersicherheit und Privatheit,
https://doi.org/10.1007/978-3-658-51742-7_2

Schutz personenbezogener Daten umzusetzen und in bestimmten Fällen sog. Datenschutzbeauftragte zu bestellen. Außerdem sind in der DSGVO hohe Geldbußen für datenschutzrechtliche Verstöße vorgesehen.

2.1.2 Das Bundesdatenschutzgesetz

Das (alte) Bundesdatenschutzgesetz (kurz: BDSG) war über Jahre das zentrale Datenschutzgesetz in Deutschland. Das (neue) BDSG hat allerdings seit der Einführung der DSGVO erheblich an praktischer Bedeutung verloren. Inzwischen hat das Gesetz vor allem Relevanz bei der Verarbeitung personenbezogener Daten durch öffentliche Stellen des Bundes und der Länder (sofern keine landesrechtlichen Regelungen greifen).

Dennoch enthält das BDSG auch einige die DSGVO ergänzende Vorschriften, etwa für die Verarbeitung von Beschäftigtendaten. Dies liegt daran, dass die DSGVO sog. Öffnungsklauseln enthält. Diese ermöglichen eigene bereichsspezifische nationale Regelungen, die sodann von den einzelnen Mitgliedsstaaten trotz des Anwendungsvorrangs der DSGVO erlassen werden können (oder sogar müssen), um etwa einzelne Normen zu konkretisieren bzw. zu ergänzen.[4]

2.1.3 Sonstige wichtige Rechtsakte

Neben der DSGVO und dem BDSG existieren auf Landesebene Landesdatenschutzgesetze, die die Datenverarbeitung durch öffentliche Stellen der Länder wie Kommunen und Landkreisen regeln.[5]

Darüber hinaus gibt es eine ganze Reihe spezieller Regelungen für bestimmte Verarbeitungsbereiche/-branchen/-betroffene/-verantwortliche, u. a.

- das Telekommunikation-Digitale-Dienste-Datenschutz-Gesetz (kurz: TDDDG), das den Datenschutz im Rahmen der Telekommunikation, der Telemedien und der digitalen Dienste regelt;
- das fünfte Buch Sozialgesetzbuch (kurz: SGB V), das Datenschutzvorgaben für die Verarbeitung von Sozialdaten durch Krankenkassen enthält;
- das Passgesetz (kurz: PassG), das u. a. regelt, welche personenbezogenen Daten zur Ausstellung eines Ausweisdokuments verarbeitet werden dürfen.

[4] *Jorzig/Sarangi,* Digitalisierung im Gesundheitswesen, Teil II Abschn. 7.3 S. 53.

[5] *Schmidt/Schmidt* in *Hamm,* Beck'sches Rechtsanwalts-Handbuch, § 50 Rdnr. 5.

2.2 Grundrechtliche Verankerung des Datenschutzes

Sowohl das europäische als auch das deutsche Recht sehen ein Grundrecht eines jeden auf Schutz der ihn betreffenden personenbezogenen Daten vor. Dieser Schutz ist jedoch jeweils unterschiedlich ausgestaltet und verankert.

Relevant wird die grundrechtliche Komponente des Datenschutzrechtes insbesondere bei der Auslegung einfacher Gesetze wie der DSGVO oder des BDSG. Europäisches Recht (wie die DSGVO) ist dabei anhand der europäischen Grundrechte auszulegen, wohingegen nationale Normen (wie das BDSG) anhand der nationalen Grundrechte zu messen sind.

Es muss in diesem Zusammenhang zwingend beachtet werden, dass die in Rede stehenden Grundrechte grundsätzlich nicht uneingeschränkt gelten, sondern in der Regel durch andere Grundrechte beschränkt werden können, sofern dies verhältnismäßig ist.[6]

2.2.1 Grundrechtliche Verankerung in Europa

Die grundrechtliche Verankerung des Datenschutzrechts findet sich auf europäischer Ebene in der Charta der Grundrechte der Europäischen Union (kurz: GRCh), sowie im Vertrag über die Arbeitsweise der Europäischen Union (kurz: AEUV). Sowohl Artikel 8 Absatz 1 GRCh als auch Artikel 16 Absatz 1 AEUV stellen ausdrücklich klar, dass natürliche Personen ein Grundrecht haben, dass sie im Zusammenhang mit der Verarbeitung der sie betreffenden Daten schützt. Zusätzlich zitiert der EuGH in allen datenschutzrechtlichen Entscheidungen zugleich auch immer Art. 7 GRCh, welcher den Schutz des Privat- und Familienlebens regelt.

Die europäische Gesetzgebung wird durch die GRCh verpflichtet, die Unionsbürger vor Beeinträchtigungen von Grundrechten nicht nur durch den Staat, sondern auch durch Private, insbesondere durch die Erlassung von Sekundärrecht, verfassungsgemäß zu schützen.[7] Vor diesem Hintergrund wurde insbesondere die DSGVO erlassen.

[6] *Ernst* in *Paal/Pauly,* DSGVO BDSG, Art. 1 Rdnr. 7 ff.

[7] *Buchner* in *Kühling/Buchner,* DSGVO/BDSG, Art. 1 Rdnr. 9.

2.2.2 Grundrechtliche Verankerung in Deutschland

Im Gegensatz zur europäischen GRCh ist in Deutschland der Schutz betroffener Personen im Rahmen der Verarbeitung ihrer personenbezogenen Daten im Grundgesetz (kurz: GG) nicht explizit geregelt. Das Bundesverfassungsgericht hat jedoch zwei Grundrechte entwickelt, die bei jeder Datenverarbeitung zu bedenken und möglicherweise betroffen sind.

Zunächst hat das Bundesverfassungsgericht das sog. **Recht auf informationelle Selbstbestimmung** entwickelt.[8] Das Gericht hat das Grundrecht dabei aus Art. 2 Abs. 1 i. V. m. Art. 1 Abs. 1 GG abgeleitet und bestimmt, dass es jeder natürlichen Person ermöglichen soll zu entscheiden, ob, wann und in welchem Umfang sie persönliche Lebensumstände preisgeben möchte. Das entwickelte Grundrecht erstreckt sich auf alle Daten mit Personenbezug und umfasst deren Erhebung und Verwendung in jeder Form.

Ebenfalls durch das Bundesverfassungsgericht entwickelt wurde das sog. **„Computergrundrecht"** (Grundrecht auf Gewährleistung der Vertraulichkeit und Integrität informationstechnischer Systeme).[9] Auch dieses Grundrecht wurde aus Art. 2 Abs. 1 i. V. m. Art. 1 Abs. 1 GG abgeleitet und garantiert den Schutz vor dem Zugriff auf informationstechnische Systeme, wie Mobiltelefone, Computer und externe Speichermedien, die mit dem System verbunden sind.

2.3 Anwendbarkeit der DSGVO

Wie bereits erläutert, ist die DSGVO der zentrale Rechtsakt im Zusammenhang mit dem Datenschutz in Deutschland und Europa. Sie findet grundsätzlich immer dann Anwendung, wenn ihr sachlicher und räumlicher Anwendungsbereich eröffnet ist und sie nicht von anderen Gesetzen verdrängt wird.

---

[8] BVerfG, Urt. v. 15.12.1983, LSK 1984, 080133.

[9] *BVerfG,* Urt. v. 27.02.2008, 1 BvR 370/07, NJW 2008, 822.

2.3.1 Sachlicher Anwendungsbereich der DSGVO

Der sachliche Anwendungsbereich der DSGVO ist in ihrem Art. 2 geregelt. Der Artikel bezieht sich dabei auf das Verhältnis der Verordnung zu anderen Vorschriften und knüpft außerdem an Form und Zweck der Datenverarbeitung an.[10]

Gem. Art. 2 Abs. 1 DSGVO gilt die Verordnung für die ganz oder teilweise automatisierte Verarbeitung personenbezogener Daten sowie für die nichtautomatisierte Verarbeitung personenbezogener Daten, die in einem Dateisystem gespeichert sind oder gespeichert werden sollen.

Für die Eröffnung des sachlichen Anwendungsbereichs der DSGVO sind somit zwei Elemente von zentraler Bedeutung.

1. **„Personenbezogene Daten"**

Gem. Art. 4 Nr. 1 DSGVO sind personenbezogene Daten alle Informationen, die sich auf eine identifizierte oder identifizierbare **natürliche Person** beziehen. Beziehen sich die Informationen auf eine juristische Person, handelt es sich um Sachdaten, die nicht in den Anwendungsbereich der DSGVO fallen. Sofern Informationen über die juristische Person jedoch auf eine identifizierte oder identifizierbare natürliche Person zurückgeführt werden können, ist der Anwendungsbereich der DSGVO eröffnet.

Aus Erwägungsgrund 27 geht darüber hinaus hervor, dass die DSGVO nicht für Daten Verstorbener gelten soll.[11] Ob Daten eines ungeborenen Kindes dagegen durch die DSGVO geschützt sind, ist umstritten. In der Praxis wird jedoch häufig ohnehin ein Personenbezug zur Mutter bestehen, sodass sich die Frage regelmäßig erübrigen wird.[12]

Eine natürliche Person gilt als **identifiziert,** wenn sich die Identität der Person unmittelbar aus der Information selbst entnehmen lässt (z. B. bei Namensangaben).

Ebenfalls in Art. 4 Nr. 1 DSGVO finden sich Ausführungen dazu, wann eine Person als **identifizierbar** angesehen werden soll. Dies soll immer dann der Fall sein, wenn eine natürliche Person, direkt oder indirekt, insbesondere mittels

---

[10] *Schmidt* in *Taeger/Gabel,* DSGVO–BDSG–TTDSG, Art. 2 Rdnr. 1.

[11] Jedoch enthält der Erwägungsgrund 27 eine sog. Öffnungsklausel, die es den Mitgliedstaaten ermöglicht Vorschriften für den Schutz personenbezogene Daten Verstorbener zu erlassen. In Deutschland sind hier beispielsweise § 203 Abs. 4 S. 2 Nr. 3 StGB und § 35 Abs. 5 SGB I zu nennen (*Klar/Kühling* in *Kühling/Buchner,* DSGVO/BDSG Art. 4 Nr. 1 Rdnr. 6).

[12] *Klar/Kühling* in *Kühling/Buchner*, DSGVO/BDSG, Art. 4 Nr. 1 Rdnr. 7.

Zuordnung zu einer Kennung oder zu einem oder mehreren besonderen Merkmalen identifiziert werden kann.

Umstritten ist jedoch, wer die Möglichkeit haben muss, die betroffene Person zu identifizieren. Von Einigen wird angenommen, dass es auf die Erkenntnismöglichkeiten des Verantwortlichen selbst ankommt (relativer Personenbezug). Andere gehen bereits von der Identifizierbarkeit aus, wenn irgendjemand die Zuordnung von Informationen zu einer bestimmten Person vornehmen könnte (absoluter Personenbezug).

Einigkeit besteht darüber, dass für die Identifizierbarkeit nicht die namentliche Bekanntheit der Person erforderlich ist, sondern, dass die Daten allein ein Wiedererkennen der Person und eine Unterscheidung von anderen Personen ermöglichen müssen.

2. **„Verarbeitung“**

Die Verarbeitung i. S. d. DSGVO wird in Art. 4 Nr. 2 **sehr weit** als jeder mit oder ohne Hilfe automatisierter Verfahren ausgeführter Vorgang oder jede solche Vorgangsreihe im Zusammenhang mit personenbezogenen Daten **definiert.**

Als Beispiele für Verarbeitungsvorgänge erwähnt die DSGVO das Erheben, das Erfassen, die Organisation, das Ordnen, die Speicherung, die Anpassung oder Veränderung, das Auslesen, das Abfragen, die Verwendung, die Offenlegung durch Übermittlung, Verbreitung oder eine andere Form der Bereitstellung, den Abgleich oder die Verknüpfung, die Einschränkung, das Löschen oder die Vernichtung personenbezogener Daten.

Im Zusammenhang mit der Eröffnung ihres sachlichen Anwendungsbereichs stellt die DSGVO in ihrem Art. 2 Abs. 1 klar, dass dabei sowohl ganz oder teilweise automatisierte sowie nichtautomatisierte Verarbeitungen, bei denen die Daten in einem Dateisystem gespeichert sind oder gespeichert werden sollen, erfasst sind.

Automatisierte Verarbeitungsprozesse sind dabei solche, die nach vorgegebenen Parametern ohne Mitwirkung eines Menschen funktionieren.[13] Beispiele hierfür sind etwa Dash-, Body- und Actioncams sowie Drohnen hinsichtlich ihrer Videofunktion mit automatisierter Speicherung.[14]

[13] *Schmidt* in *Taeger/Gabel,* DSGVO-BDSG-TTDSG, Art. 2 Rn. 9. Andere Meinungen sind zum Beispiel zu finden bei *Zerdick* in *Ehmann/Selmayr,* DS-GVO, Art. 2 Rdnr. 3, hier werden automatische Verarbeitungen durch den Einsatz automatisierter Mittel gekennzeichnet und damit sämtliche heute gebräuchlichen rechnergestützten Verarbeitungen erfasst.

[14] *Kühling/Raab* in *Kühling/Buchner,* DSGVO/BDSG, Art. 2 Rdnr. 15.

Ein **teilweise automatisierter Verarbeitungsprozess** liegt dagegen vor, wenn ein einzelner Datenverarbeitungsprozess teils manuell, teils automatisch erfolgt, beispielsweise, wenn personenbezogene Daten manuell in eine digitale Datenbank eingegeben werden.[15]

Die **nichtautomatisierte Verarbeitung** personenbezogener Daten (also die rein manuelle Verarbeitung[16]), ist nur vom sachlichen Anwendungsbereich der DSGVO erfasst, wenn die Daten in einem **Dateisystem** gespeichert sind oder gespeichert werden sollen.

Ein Dateisystem umfasst nach Art. 4 Nr. 6 DSGVO jede strukturierte Sammlung personenbezogener Daten, die nach bestimmten Kriterien zugänglich sind, unabhängig davon, ob diese Sammlung zentral, dezentral oder nach funktionalen oder geografischen Gesichtspunkten geordnet geführt wird.

Damit der sachliche Anwendungsbereich der DSGVO bei nicht automatisierten Verarbeitungen eröffnet ist, müssen die personenbezogenen Daten folglich so nach bestimmten Kriterien strukturiert gespeichert werden, dass der Zugriff auf sie erleichtert wird.[17] In Erwägungsgrund 15 der DSGVO werden explizit Akten oder Aktensammlungen sowie ihre Deckblätter ausgenommen, wenn diese nicht nach bestimmten Kriterien geordnet sind.

Ob es bereits ausreichend ist, dass Papierdokumente z. B. alphabetisch oder zeitlich strukturiert werden (z. B. älteste Dokumente unten, neueste Dokumente oben im Stapel) ist umstritten.[18] Mit Blick auf die Risiken, kann es jedoch in der Praxis empfehlenswert sein, in solchen Fällen den Anwendungsbereich für eröffnet zu halten.

Ausnahmen

In Art. 2 Abs. 2 und Abs. 3 DSGVO werden Ausnahmen vom sachlichen Anwendungsbereich der Verordnung geregelt.[19]

Die im Alltag wohl wichtigste Ausnahme ist die Datenverarbeitung zur Ausübung ausschließlich persönlicher oder familiärer Tätigkeiten nach Abs. 2 lit. c. Diese Ausnahme gilt allein für natürliche Personen. Also nicht für Unternehmen,

[15] *Bäcker* in *Wolff/Brink*, BeckOK Datenschutzrecht, Art. 2 Rdnr. 3.

[16] Erwgr. 15 S. 2 DSGVO; *Kühling/Raab* in *Kühling/Buchner*, DSGVO/BDSG, Art. 2 Rdnr. 17.

[17] *Schmidt* in *Taeger/Gabel*, DSGVO-BDSG–TTDSG, Art. 2 Rdnr. 11.

[18] *Schmidt* in *Taeger/Gabel*, DSGVO-BDSG–TTDSG, Art. 2 Rdnr. 11.

[19] Dazu näher etwa *Schmidt* in *Taeger/Gabel*, DSGVO–BDSG–TTDSG, Art. 2 Rdnr. 13 ff.

auch wenn ihnen ein Unternehmenspersönlichkeitsrecht zukommt, sowie auch nicht für Vereine oder Stiftungen oder für sie handelnde Personen.[20]

Zur Feststellung, ob eine Datenverarbeitung der Ausübung ausschließlich persönlicher oder familiärer Tätigkeiten dient, ist ihr objektiver Zweck heranzuziehen. Als Hilfestellung können dabei die Motivation für die Verarbeitung sowie der soziale Kontext beachtet werden.[21] Wenn ein Bezug zu einer beruflichen oder wirtschaftlichen Tätigkeit vorliegt, ist die DSGVO vollumfänglich anzuwenden.[22]

Beispiele für den persönlichen familiären Bereich sind etwa Freizeit, Sport, Privatreisen, privater Konsum, Unterhaltung oder private Kommunikation.[23] Der Erwägungsgrund 18 der DSGVO hält weitere Beispiele bereit, wie das Führen von (privatem) Schriftverkehr oder von Anschriftenverzeichnissen sowie die (private) Nutzung sozialer Netzwerke und Online-Tätigkeiten im Rahmen solcher Tätigkeiten. Bei der Nutzung sozialer Netzwerke ist jedoch zu beachten, dass die Veröffentlichung an einen unbestimmten Personenkreis nicht erfasst ist und selbst die Veröffentlichung in Gruppen fraglich sein kann, da sich der Zugriff potenzieren könnte.[24]

2.3.2 Räumlicher Anwendungsbereich der DSGVO

Der räumliche Anwendungsbereich der DSGVO ist in ihrem Art. 3 geregelt.[25] Die beiden zentralen Begriffe in diesem Zusammenhang sind das Niederlassungs- und das Marktortprinzip.

Das sog. **Niederlassungsprinzip** kommt in Art. 3 Abs. 1 DSGVO zum Ausdruck.[26] Danach ist der Anwendungsbereich der DSGVO eröffnet, soweit personenbezogene Daten im Rahmen der Tätigkeiten einer Niederlassung in der Union erfolgt, unabhängig davon, ob die Verarbeitung selbst in der Union stattfindet. Durch

---

[20] *Schmidt* in *Taeger/Gabel,* DSGVO–BDSG–TTDSG, Art. 2 Rdnr. 17.

[21] *Schmidt* in *Taeger/Gabel,* DSGVO–BDSG–TTDSG, Art. 2 Rdnr. 17.

[22] Erwgr. 18 S. 1 DSGVO: *Zerdick* in *Ehmann/Selmayr,* DS-GVO, Art. 2 Rdnr. 11.

[23] Gola in Gola/Heckmann, DSGVO – BDSG, Art. 2 Rdnr. 19; *Schmidt* in *Taeger/Gabel,* DSGVO–BDSG–TTDSG, Art. 2 Rdnr. 19.

[24] *Kühling/Raab* in *Kühling/Buchner,* DSGVO/BDSG, Art. 2 Rdnr. 25.

[25] Hilfreiche Hinweise und Beispiele für die Praxis durch den Europäischen Datenschutzausschuss in seinen Leitlinien 3/2018: https://edpb.europa.eu/our-work-tools/our-documents/guidelines/guidelines-32018-territorial-scope-gdpr-article,-3-version_de.

[26] *Ernst* in *Paal/Pauly,* DSGVO BDSG, Art. 3 Rdnr. 5.

die Regelung des Art. 3 Abs. 1 DSGVO wird auch das sog. Sitzprinzip[27] fortgeführt, da der satzungsgemäße Sitz eines Unternehmens immer auch als Niederlassung qualifiziert werden muss.[28]

In Erwägungsgrund 22 der DSGVO wird darüber hinaus festgehalten, dass die Rechtsform einer solchen Einrichtung, sowie die Frage, ob es sich um eine Zweigstelle oder eine Tochtergesellschaft mit eigener Rechtspersönlichkeit handelt, nicht ausschlaggebend ist. Der genannte Erwägungsgrund stellt klar, dass eine Niederlassung lediglich die effektive und tatsächliche Ausübung einer Tätigkeit durch eine feste Einrichtung voraussetzt.

Die Datenverarbeitung im Rahmen der Tätigkeiten der Niederlassung muss nicht zwangsläufig von dieser selbst ausgeführt werden. Es kann bereits genügen, wenn sie über entsprechende administrative Anordnungs- und Zugriffsbefugnisse verfügt oder Einfluss auf den Inhalt sowie die Ausgestaltung der Datenverarbeitung nehmen kann.[29]

Art. 3 Abs. 2 regelt das sog. **Marktortprinzip.**[30] Danach unterliegen Unternehmen mit Sitz in einem Drittstaat unter bestimmten Voraussetzungen denselben Datenschutzregeln wie Unternehmen mit Sitz in der EU. Zunächst müssen sich hierfür gem. Art. 3 Abs. 2 die betroffenen Personen in der Union befinden. Außerdem muss die Stelle gem. Art. 3 Abs. 2 Lit. a) betroffenen Personen in der Union Waren oder Dienstleistungen anbieten, unabhängig davon, ob von diesen betroffenen Personen eine Zahlung zu leisten ist[31] oder das Verhalten betroffener Personen beobachten, soweit ihr Verhalten in der Union erfolgt.[32]

Schließlich findet die DSGVO nach Art. 3 Abs. 3 grundsätzlich Anwendung auf die Verarbeitung personenbezogener Daten durch Verantwortliche, die sich außerhalb der EU befinden, jedoch an einem Ort, der dem Recht eines EU-Mitgliedstaates gem. dem Völkerrecht unterliegt. Dies betrifft insb. Orte wie diplomatische oder konsularische Vertretungen eines EU-Mitgliedstaates im Ausland. Auch für die

---

[27] Auch „Sitzlandprinzip". Danach gilt die DSGVO für Unternehmen, die ihren satzungsgemäßen Sitz in der Union haben. Siehe *Piltz* in *Gola/Heckmann,* DSGVO – BDSG, Art. 3 Rn. 8 und *Ernst* in *Paal/Pauly,* DSGVO BDSG, Art. 3 Rdnr. 3.

[28] *Piltz* in *Gola/Heckmann,* DSGVO – BDSG, Art. 3 Rn. 8; *Ernst* in *Paal/Pauly,* DSGVO BDSG, Art. 3 Rdnr. 3.

[29] *Ennöckl,* in *Sydow/Marsch,* DSGVO I BDSG, Art. 3 Rdnr. 9.

[30] *Ennöckl,* in *Sydow/Marsch,* DSGVO I BDSG, Art. 3 Rdnr. 10.

[31] Dazu Erwägungsgrund 23 DSGVO.

[32] Dazu Erwägungsgrund 24 DSGVO.

Datenverarbeitung an diesen Orten, einschließlich der mobilen Datenverarbeitung durch Diplomaten selbst, gilt die DSGVO.[33]

2.3.3 Verhältnis der DSGVO zu anderen Vorschriften

Auch wenn ihr sachlicher und räumlicher Anwendungsbereich eröffnet ist, ist die DSGVO nur dann anwendbar, wenn sie nicht von anderen Rechtsakten verdrängt wird.

Bei Konflikten zwischen unmittelbar anwendbarem EU-Recht und nationalem Recht, hat das EU-Recht grundsätzlich Anwendungsvorrang. Mithin sind nationale Vorschriften wie das BDSG nicht anwendbar, soweit der entsprechende Sachverhalt durch unmittelbar geltendes Unionsrecht (beispielsweise durch die DSGVO) geregelt ist. § 1 Abs. 5 BDSG unterstreicht dies.

Das nationale Recht findet somit insbesondere dann Anwendung, wenn der Anwendungsbereich der DSGVO nicht eröffnet ist. So regelt beispielsweise § 1 Abs. 8 BDSG (für öffentliche Stellen) die rein manuelle Verarbeitung personenbezogener Daten (welche nicht in einem Dateisystem gespeichert sind), die nicht vom Anwendungsbereich der DSGVO erfasst ist.

Die DSGVO kann unter Umständen von **spezialrechtlichen bzw. bereichsspezifischen Normen** verdrängt werden, wie beispielsweise von den datenschutzrelevanten Regelungen des SGB V, des PassG sowie den Regelungen des TTDSG. Dabei ist jedoch zu beachten, dass im Anwendungsbereich der DSGVO nationalen Vorschriften nur Vorrang zukommen kann, wenn der nationale Gesetzgeber von einer **Öffnungsklauseln der DSGVO** Gebrauch gemacht hat (so beispielsweise beim SGB V) oder die nationalen Vorschritten **europäisches Recht** umsetzen (so beispielsweise beim TDDDG).[34]

Sofern die spezialrechtlichen oder bereichsspezifischen Normen jedoch nur Teilbereiche des Datenschutzrechts regeln (z. B. ausschließlich die Rechtsgrundlage der Datenverarbeitung), gelten für die in den Normen ungeregelten Bereichen des Datenschutzrechts (z. B. Betroffenenrechte) wiederum die allgemeineren Regeln – also regelmäßig die Vorschriften der DSGVO und/oder des BDSG

[33] *Ernst* in *Paal/Pauly*, DSGVO BDSG, Art. 3 Rdnr. 21.

[34] *Gierschmann* in *Gierschmann/Baumgartner*, TTDSG, § 1 Rdnr. 20.

Wichtige datenschutzrechtliche Rollen

3

Im Kontext des Datenschutzrechts werden sog. „datenschutzrechtliche Rollen“ immer wieder relevant. Je nachdem welche „Rolle“ einer bestimmten Stelle zukommt, treffen sie unterschiedliche Rechte und Pflichten. Es ist somit oft ein essenzieller Teil der datenschutzrechtlichen Compliance festzustellen, wer im Rahmen einer Datenverarbeitung welche Rolle einnimmt und somit welche Pflichten zu erfüllen hat.

3.1 Verantwortlichkeit und Auftragsverarbeitung in der DSGVO

Sofern an der Verarbeitung personenbezogener Daten mehrere Parteien beteiligt sind, müssen deren Beziehung zueinander geklärt, sowie die daraus folgenden datenschutzrechtlichen Implikationen beachtet werden. In diesem Zusammenhang müssen insbesondere die „Rollen“ des Verantwortlichen und des Auftragsverarbeiters voneinander abgegrenzt werden.

3.1.1 Formen der Verantwortlichkeit in der DSGVO

Als „Verantwortlicher“ ist gem. Art. 4 Nr. 7 DSGVO die natürliche oder juristische Person, Behörde, Einrichtung oder andere Stelle zu verstehen, die allein oder gemeinsam mit anderen über die **Zwecke und Mittel** der Datenverarbeitung entscheidet. Maßgebliches Kriterium für die Feststellung der datenschutzrechtlichen

A. Selzer et al., *Datenschutzrecht kompakt*, Rechtsrahmen der Cybersicherheit und Privatheit,
https://doi.org/10.1007/978-3-658-51742-7_3

Verantwortlichkeit ist insofern die Entscheidungsgewalt über den Zweck (das „*Warum?*“) und die Mittel (das „*Wie?*“) der Verarbeitung.[1]

Werden Zweck und Mittel von zwei oder mehr Verantwortlichen gemeinsam festgelegt, liegt eine sog. **gemeinsame Verantwortlichkeit** gem. Art. 26 Abs. 1 DSGVO vor. Ist eine solche gegeben, sind die gemeinsam Verantwortlichen verpflichtet, eine Vereinbarung zu treffen, welche in transparenter Form bestimmt, wer von ihnen welche datenschutzrechtliche Verpflichtung zu erfüllen hat.[2]

Sollten die Zwecke und Mittel der Verarbeitung durch nationale oder EU-Rechtsinstrumente festgelegt sein, können diese auch die Verantwortlichen bestimmen, oder Kriterien für ihre Bestimmung festlegen.[3]

3.1.1.1 Abgrenzung der verschiedenen Formen anhand von Beispielen

Beispiel für eine alleinige Verantwortlichkeit
Der Kaufmann K verkauft über seine Webseite selbstgestrickte Pullover an Privatkunden. Um Zahlung und Versand abwickeln zu können, verarbeitet er Adress- und Zahlungsdaten seiner Kunden. Er allein entscheidet über die Zwecke und Mittel der Datenverarbeitung. Er ist alleiniger Verantwortlicher.

Beispiel für eine gemeinsame Verantwortlichkeit
Die Universitäten A und B haben einen gemeinsamen E-Mail-Newsletter ins Leben gerufen, mit dem sie interessierte Studenten über die Neuigkeiten zu Forschungs- und Veranstaltungskooperationen zwischen den beiden Universitäten A und B informieren möchten. Die Zwecke und Mittel der Datenverarbeitung haben A und B gemeinsam festgelegt. Sie sind gemeinsam Verantwortliche.

Beispiel für eine eigenständige Verantwortlichkeit mehrerer Parteien
Die Organisation X ist Arbeitgeber der Personen A, B und C und führt eine Personalakte zu jedem dieser Mitarbeiter, um das Beschäftigtenverhältnis z. B. hinsichtlich Abmahnungen sowie Zwischen- und Abschlusszeugnissen verwalten zu können. X entscheidet im Rahmen der Verarbeitung der Personalakten über die Zwecke und Mittel der Datenverarbeitung.

---

[1] *Spindler/Dalby* in *Spindler/Schuster*, Recht der elektronischen Medien, Art. 4 Nr. 7 Rdnr. 18. Für das gesamte Unter Abschn. 3.1 auch: *Selzer*, Zulässigkeit Cloud Computing, S. 7–27.

[2] Siehe Art. 26 DSGVO.

[3] *Spindler/Dalby* in *Spindler/Schuster*, Recht der elektronischen Medien, Art. 4 Nr. 7 Rdnr. 18.

Das von X beauftragte Steuerbüro Z verarbeitet ebenfalls personenbezogene Daten der Personen A, B und C – genauer gesagt die Gehaltsdaten. Ziel des Steuerbüros Z ist es, die monatlichen Gehaltsabrechnungen sowie die Jahresabrechnungen für die Personen A, B und C zu erstellen. Im Rahmen dieser Verarbeitung entscheidet Z – ohne weitere Rücksprachen und/oder Weisungen durch X – über die Zwecke und Mittel der Datenverarbeitung.

X und Y verarbeiten die gleichen Daten zu Zwecken und mit Mitteln, über die sie jeweils eigenständig entscheiden. Sie sind jeweils eigenständige Verantwortliche.

3.1.1.2 Notwendigkeit einer Vereinbarung über die gemeinsame Verantwortlichkeit

Im Falle einer gemeinsamen Verantwortung ist zwischen den gemeinsam Verantwortlichen nach Art. 26 DSGVO eine entsprechende Vereinbarung abzuschließen. Diese muss insbesondere festlegen, welche Partei für die Einhaltung welcher Pflichten der DSGVO verantwortlich ist und die inhaltlichen Anforderungen des Art. 26 Abs. 1 und Abs. 2 DSGVO umsetzen. Neben den dort beschriebenen Mindestinhalten kann es in der Praxis ratsam sein, in der Vereinbarung auch ggf. relevant werdende Ausgleichsansprüche im Innenverhältnis zu regeln. Die wesentlichen Inhalte des Vertrages sind den betroffenen Personen gem. Art. 26 Abs. 2 DGSVO zur Verfügung zu stellen.

Art. 26 DSGVO fordert für die Vereinbarung keine besondere Form, jedoch ist davon auszugehen, dass es zumindest nicht genügt, wenn die Vereinbarung nur mündlich erfolgt. Aus Nachweisgründen wird regelmäßig die Schriftform, Textform oder elektronische Form erforderlich sein.[4]

Ungeachtet der Einzelheiten der Vereinbarung sind die betroffenen Personen gem. Art. 26 Abs. 3 DSGVO dazu berechtigt, ihre Betroffenenrechte (z. B. Recht auf Auskunft, Recht auf Löschung) bei und gegenüber jedem einzelnen der gemeinsam Verantwortlichen geltend zu machen.

Sofern die Voraussetzungen einer gemeinsamen Verantwortung vorliegen, entbindet eine fehlende Vereinbarung nicht von der gemeinsamen Verantwortung. Vielmehr laufen die gemeinsam Verantwortlichen Gefahr, für ihr Versäumnis, eine Vereinbarung nicht abgeschlossen zu haben, mit einer Geldbuße belegt zu werden. Die Vereinbarung der gemeinsam Verantwortlichen soll insofern vor allem Rechtssicherheit bewirken.[5]

---

[4] *Piltz* in *Gola/Heckmann,* DSGVO – BDSG, Art. 26 Rdnr. 25.

[5] *Martini* in *Paal/Pauly,* DSGVO BDSG, Art. 26 Rdnr. 22.

3.1.2 Auftragsverarbeitung

Von einem Verantwortlichen abzugrenzen ist der sog. Auftragsverarbeiter i. S. d. Art. 4 Nr. 8 DSGVO. Dieser verarbeitet personenbezogene Daten ausschließlich im Interesse sowie **auf Weisung** des datenschutzrechtlich Verantwortlichen im Rahmen eines sog. Auftragsverarbeitungsverhältnis.[6] Die Datenweitergabe von einem Verantwortlichen an einen Auftragsverarbeiter bedarf keine gesonderte Rechtsgrundlage (wie z. B. die Einwilligung der betroffenen Personen), sondern lediglich einen Vertrag zwischen Verantwortlichem und Auftragsverarbeiter.[7]

Wesentlich für die Einordnung, ob eine Auftragsverarbeitung vorliegt, ist (allein) die Frage nach rechtlichen und tatsächlichen Möglichkeiten, Entscheidungen in Bezug auf die Festlegung der Zwecke und Mittel einer Datenverarbeitung zu treffen. Insbesondere ist bei der Einordnung zu berücksichtigen, wer die Verarbeitung der personenbezogenen Daten veranlasst hat und ob Weisungen an den Auftragsverarbeiter erteilt wurden.[8]

Nicht schädlich für das Vorliegen einer Auftragsverarbeitung ist hingegen, wenn ein Auftragsverarbeiter über einen gewissen Spielraum verfügt, über die eingesetzten Mittel der Datenverarbeitung zu entscheiden, solange dieser nur geringfügig ist und sich auf die konkrete (technische) Ausgestaltung der Umsetzung des Auftrags begrenzt.[9]

Beispiele für Auftragsverarbeitungen

- Nutzung eines Cloud-Speicherdienstes
- Beauftragung eines Dienstleisters zur Datenträgervernichtung
- Beauftragung einer Agentur für die Umsetzung eines Mailings.

3.1.2.1 Notwendigkeit eines Auftragsverarbeitungsvertrags

Gem. Art. 28 Abs. 3 DSGVO hat die Verarbeitung durch einen Auftragsverarbeiter auf der Grundlage eines Vertrags oder eines anderen Rechtsinstruments nach dem Unionsrecht oder dem Recht der Mitgliedstaaten zu erfolgen. Der in der Praxis relevanteste Fall ist der sog. „Auftragsverarbeitungsvertrag" oder auch „AV-Vertrag".

---

[6] *Rücker/Kugler:* New EU-GDPR, Rdnr. 154 f.

[7] Gola in Gola Heckmann, DSGVO – BDSG, Art. 4 Rdnr. 90.

[8] *Hartung* in *Kühling/Buchner,* DSGVO/BDSG, Art. 28 Rdnr. 28.

[9] *Hartung* in *Kühling/Buchner,* DSGVO/BDSG, Art. 28 Rdnr. 30.

Dieser ist gem. Art. 28 Abs. 9 DSGVO schriftlich zu schließen, wobei ausdrücklich auch elektronische Formate eingeschlossen werden.

Im AV-Vertrag sind u. a. Gegenstand und Dauer der Verarbeitung, Art und Zweck der Verarbeitung, die Art der personenbezogenen Daten, die Kategorien betroffener Personen und die Pflichten und Rechte des Verantwortlichen festzulegen. Sämtliche im Rahmen der Vereinbarung verpflichtend zu regelnden Bestandteile benennt der Anforderungskatalog des Art. 28 Abs. 3 S. 2 lit. a-h DSGVO.

In der Praxis stellt der Auftragsverarbeiter regelmäßig einen solchen Auftragsverarbeitungsvertrag zur Verfügung.[10] Der Verantwortliche darf jedoch gem. Art. 28 Abs. 1 DSGVO nur mit Auftragsverarbeitern zusammenarbeiten, die hinreichend Garantien dafür bieten, die nach Art. 32 DSGVO geforderten technischen und organisatorischen Maßnahmen angemessen umzusetzen, dass die Verarbeitung im Einklang mit den Anforderungen der DSGVO erfolgt und den Schutz der Rechte der betroffenen Person gewährleistet. Die Verantwortung über die Kontrolle des rechtmäßigen Abschlusses, des Inhalts sowie der Einhaltung liegt somit beim Verantwortlichen.

3.1.2.2 Weisungsgebundenheit

Die Weisungsgebundenheit des Auftragsverarbeiters sowie die Dokumentation der Weisungen sind grundlegende Merkmale der Auftragsverarbeitung.

Art. 29 DSGVO konkretisiert diesbezüglich, dass der Auftragsverarbeiter und jede Person, die dem Auftragsverarbeiter unterstellt ist, die personenbezogenen Daten nur auf Weisung des Verantwortlichen verarbeiten dürfen. Eine Ausnahme besteht, wenn der Auftragsverarbeiter nach dem Unionsrecht oder dem Recht der Mitgliedstaaten zu der jeweiligen Datenverarbeitung verpflichtet ist.

3.1.2.3 Regelmäßige Kontrollen

Um der Pflicht aus Art. 28 Abs. 1 DSGVO gerecht zu werden, hat der Verantwortliche (i. d. R. im Rahmen regelmäßiger Datenschutzkontrollen) sicherzustellen, dass der Auftragsverarbeiter auch nach der initialen Auswahl weiterhin datenschutzkonform agiert.[11] Der Prüfturnus hängt insbesondere von den mit der Datenverarbeitung einhergehenden Risiken für die Rechte und Freiheiten der betroffenen Personen ab und wird häufig bei ca. ein bis drei Jahren liegen.[12]

---

[10] Beispiele sind das „AWS DATA PROCESSING ADDENDUM“ (https://d1.awsstatic.com/legal/aws-gdpr/AWS_GDPR_DPA.pdf) oder das “Cloud Data Processing Addendum (Customers)” von Google (https://cloud.google.com/terms/data-processing-addendum).

[11] *Gabel*/Lutz in */Gabel,* DSGVO-BDSG-TTDSG, Art. 28 Rdnr. 27.

[12] *Gabel*/Lutz in *Taeger/Gabel,* DSGVO-BDSG-TTDSG, Art. 28 Rdnr. 31.

Gem. Art. 28 Abs. 3 S. 2 lit. h DSGVO haben der Verantwortliche und der Auftragsverarbeiter im Rahmen der verpflichtend abzuschließenden Auftragsverarbeitungsvereinbarung zu regeln, dass der Auftragsverarbeiter dem Verantwortlichen Nachweise über die Einhaltung der in Art. 28 DSGVO niedergelegten Pflichten bereitstellt. Zusätzlich hat der Auftragsverarbeiter regelmäßige Kontrollen zuzulassen und zu unterstützen, die die Konformität seiner Datenschutzpflichten nachweisbar machen.

3.1.3 Haftung der Verantwortlichen und Auftragsverarbeiter

Viele in der DSGVO geregelten Pflichten – wie zum Beispiel die Pflicht zum Führen eines Verzeichnisses über die Verarbeitungstätigkeiten und die Pflicht zur Bestellung eines Vertreters – treffen nicht nur den oder die Verantwortlichen, sondern auch den Auftragsverarbeiter.[13] Jedoch verbleibt die Gesamtverantwortung für die von dem oder den Verantwortlichen an einen Auftragsverarbeiter „ausgelagerten" Datenverarbeitung stehts bei dem oder den Verantwortlichen.[14]

Zur Haftung regelt Art. 82 Abs. 2 DSGVO, dass jeder an einer Verarbeitung beteiligte Verantwortliche für den Schaden haftet, der durch eine nicht der DSGVO entsprechende Verarbeitung verursacht wurde. Auftragsverarbeiter haften gem. Art. 82 Abs. 2 DSGVO für den durch eine Verarbeitung verursachten Schaden nur dann, wenn sie den speziell den Auftragsverarbeitern auferlegten Pflichten aus der DSGVO nicht nachgekommen sind oder unter Nichtbeachtung der rechtmäßig erteilten Anweisungen des Verantwortlichen oder gegen diese Anweisungen gehandelt haben.

Art. 82 Abs. 4 DSGVO konkretisiert hierzu, dass der oder die Verantwortliche(n) und der oder die Auftragsverarbeiter regelmäßig gesamtschuldnerisch haften, wenn sie an derselben Verarbeitung beteiligt sind. Durch diese Regelung soll sichergestellt werden, dass ein durchsetzbarer Schadensersatzanspruch für die betroffene Person vorhanden ist.[15] Hat ein Verantwortlicher oder Auftragsverarbeiter vollständigen Schadensersatz für den erlittenen Schaden gezahlt, so ist dieser regelmäßig dazu berechtigt, von den übrigen an derselben Verarbeitung beteiligten

[13] Siehe u. a. Art. 27 Abs. 1, Art. 30 Abs. 2 DSGVO; aus der Lit. s. *Härting,* Datenschutz-Grundverordnung, S. 139 f.

[14] *DSK,* Kurzpapier Nr. 13 Auftragsverarbeitung, Art. 28 DSGVO, über: *https://www.datenschutzkonferenz-online.de/media/kp/dsk_kpnr_13.pdf, S. 3.*

[15] Bergt in Kühling/Buchner, DSGVO/BDSG, Art.82 Rdnr.57 f.

Verantwortlichen bzw. Auftragsverarbeitern den Teil des Schadenersatzes zurückzufordern, der ihrem Anteil an der Verantwortung für den Schaden entspricht, Art. 82 Abs. 5 DSGVO.

3.2 Weitere wichtige datenschutzrechtliche Rollen der DSGVO

3.2.1 Betroffene Personen

Eine betroffene Person ist in Art. 4 Abs. 1 DSGVO als die **natürliche Person** bezeichnet, auf die sich die personenbezogenen Daten beziehen.

Eine Person kann sowohl als Privatperson als auch in ihrer beruflichen Rolle als Angestellte, Selbstständige oder in anderer beruflicher Funktion (z. B. in Form von einer Ein-Mann-GmbH) betroffene Person im Sinne der DSGVO sein. Gleiches gilt auch für berufliche Funktionsträger.

Betroffenen Personen stehen insbesondere die sog. Betroffenenrechte gem. Art. 12 – 23 DSGVO zu (hierzu mehr in Kap. 6).

3.2.2 Dritter

„Dritter" i. S. d. Art. 4 Nr. 10 DSGVO ist eine natürliche oder juristische Peron, Behörde, Einrichtung oder andere Stelle, **die nicht selbst betroffene Person, Verantwortlicher oder Auftragsverarbeiter** (oder unter der unmittelbaren Verantwortung der zwei Letztgenannten zur Datenverarbeitung befugt) ist. U. a. handelt es sich bei freien Mitarbeitern und Handelsvertretern in der Regel um Dritte i. S. d. Legaldefinition.[16]

3.2.3 Empfänger

„Empfänger" nach Art. 4 Nr. 9 DSGVO ist eine natürliche oder juristische Person, Behörde, Einrichtung oder andere Stelle, der personenbezogene Daten **offengelegt** werden, unabhängig davon, ob es sich bei ihr um einen Dritten handelt. Somit ist jede Person oder Stelle, die nicht Verantwortlicher ist, aber der gegenüber dennoch Daten offengelegt werden (beispielsweise ein Auftragsverarbeiter), ein Empfänger

[16] *Ernst* in *Paal/Pauly,* DSGVO BDSG, Art. 4 Rdnr. 60.

im Sinne der DSGVO. Die Offenlegung ist dabei insbesondere im Kontext des Zugangs zu verstehen. Somit braucht es nicht zwingend positive Kenntnis über die Daten, bereits die Möglichkeit der **Kenntnisnahme** ist ausreichend.[17]

Behörden, denen personenbezogene Daten im Zuge eines spezifischen Untersuchungsauftrags offengelegt werden, wie z. B. Steuer- und Zollbehörden, Finanzermittlungsstellen etc. stellen keine Empfänger im Sinne dieser Definition dar. Sofern eine Offenlegung im Rahmen eines derartigen Untersuchungsauftragt erfolgt, sind die genannten Stellen von den Informationspflichten des Art. 13 und 14 DSGVO befreit.[18]

3.3 Wichtige Datenschutzrechtliche Rollen im BDSG

3.3.1 Öffentliche Stellen des Bundes und der Länder

Gem. § 2 Abs. 1 und 2 BDSG fallen unter den Begriff der öffentlichen Stellen **sämtliche Einrichtungen der staatlichen Verwaltung, in denen öffentliche Aufgaben wahrgenommen werden,** d. h. alle Behörden, Organe der Rechtspflege sowie andere öffentlich-rechtlich organisierte Einrichtungen ungeachtet ihrer Rechtsform. Nach Abs. 3 können **aber auch private Stellen** als öffentliche Stelle gelten, **sofern sie** – als Beliehene – **hoheitliche Tätigkeiten wahrnehmen,** wie Notare, der TÜV oder Fleischbeschauer.[19]

Für öffentliche Stellen der Länder findet das BDSG nur Anwendung, wenn der Datenschutz nicht bereits durch Landesrecht geregelt ist. Alle Bundesländer haben eigene Datenschutzgesetze erlassen. Somit findet das BDSG auf öffentliche Stellen der Länder insofern keine Anwendung.[20]

3.3.2 Nicht-öffentliche Stellen

Nicht-öffentliche Stellen nach § 2 Abs. 4 BDSG umfassen **natürliche und juristische Personen des privaten Rechts, die nicht unter Abs. 1 – 3 fallen.**

[17] *Hartung* in *Kühling/Buchner,* DSGVO/BDSG, Art. 4 Nr. 9 Rdnr. 6.
[18] *Gola* in *Gola/Heckmann,* DSGVO – BDSG, Art. 4 Nr. 9 Rdnr. 97.
[19] Polenz in Teager/Pohle, Computerrechts-Handbuch, Teil 13 132 Rdnr. 5.
[20] *Klar/Kühling* in *Kühling/Buchner,* DSGVO/BDSG, § 2 Rdnr. 6 ff.

Datenschutzgrundsätze

4

Jede Verarbeitung personenbezogener Daten, die in den Anwendungsbereich der DSGVO fällt, muss den in Art. 5 DSGVO normierten Datenschutz-Grundsätzen genügen.[1]

4.1 Rechtmäßigkeit, Verarbeitung nach Treu und Glauben, Transparenz

Gem. Art. 5 Abs. 1.lit. a DSGVO müssen personenbezogene Daten **auf rechtmäßige Weise** verarbeitet werden. Das heißt, dass die Verarbeitung auf einer der in Art. 6 DSGVO aufgelisteten Rechtsgrundlagen beruhen muss und auch den weiteren Rechtmäßigkeitsvoraussetzungen (wie besonderen Anforderung bei der Erteilung einer Einwilligung, der Verarbeitung besonderer Kategorien personenbezogener Daten oder der Übermittlung in Drittstaaten) genügt.[2] Im nächsten Kapitel werden diese näher erläutert.

Weiterhin legt Art. 5 Abs. 1 lit a DSGVO fest, dass personenbezogene Daten **nach Treu und Glauben** zu verarbeiten sind. In diesem Zusammenhang ist zunächst festzuhalten, dass nicht der in § 242 BGB verankerte Grundsatz gemeint

[1] Für das gesamte Kapitel: *Selzer*, die technisch-organisatorische Implementierung von Datenschutz in Organisationen unter besonderer Berücksichtigung der wirtschaftlichen Angemessenheit, S. 22–29 sowie *Selzer* in *Selzer,* Studienkommentar, Gesamtkommentierung Art. 5 DSGVO.

[2] *Voigt* in *Taeger/Gabel,* DSGVO–BDSG–TTDSG, Art. 5 Rdnr. 10.

A. Selzer et al., *Datenschutzrecht kompakt*, Rechtsrahmen der Cybersicherheit und Privatheit,
https://doi.org/10.1007/978-3-658-51742-7_4

ist, sondern vielmehr die Gewährleistung einer **fairen** Datenverarbeitung. Diese bemisst sich an der jeweiligen vernünftigen Erwartungshaltung der betroffenen Person.

Wider Treu und Glauben sind eindeutig unverhältnismäßige Datenverarbeitungen, sowie solche die bspw. verborgene Techniken verwenden (wie Spionagesoftware oder heimliche Video–/Tonüberwachung) und solche, die gegen den sog. Zweckbindungsgrundsatz verstoßen (hierzu im Folgenden mehr).[3] Auch eine Datenübermittlung von einer Behörde an eine andere staatliche Stelle ohne entsprechende Benachrichtigung der betroffenen Person widerspricht laut EuGH dem Grundsatz der Verarbeitung nach Treu und Glauben.[4]

Art. 5 Abs. 1 lit. a DSGVO normiert außerdem den Grundsatz der **Transparenz.** Dieser Grundsatz findet sich in zahlreichen Vorschriften der DSGVO wieder und ist für die Auslegung und Anwendung der gesamten Verordnung stets zu beachten.[5]

Dabei erschöpft sich der Grundsatz der Transparenz keinesfalls darin, dass die Verarbeitung – wie in Art. 5 Abs. 1 lit. a DSGVO vorgeschrieben – in einer für die betroffene Person nachvollziehbaren Weise zu erfolgen hat. Vielmehr sollte die betroffene Person die Datenverarbeitung nicht nur in ihrer Vergangenheit nachvollziehen, sondern zumindest auch in ihren wesentlichen Aspekten für die Zukunft vorhersehen können. Insbesondere sind dabei die Identität des Verantwortlichen und die Zwecke der Verarbeitung sowie sonstige Informationen, die eine faire und transparente Verarbeitung im Hinblick auf die betroffenen natürlichen Personen gewährleisten, von Bedeutung. Die entsprechende Aufzählung in Erwägungsgrund 39 S. 4 ist jedoch keinesfalls abschließend.[6]

Der Grundsatz der Transparenz setzt, so Erwägungsgrund 39 S. 3, weiterhin voraus, dass alle Informationen und Mitteilungen zur Verarbeitung personenbezogener Daten leicht zugänglich und verständlich und in klarer und einfacher Sprache abgefasst sind.[7]

---

[3] *Spindler//Dalby* in *Spindler/Schuster,* Recht der elektronischen Medien, Art. 5, Rdnr.5.

[4] Dazu *EuGH,* Urt. v. 1.10.2015, Aktenzeichen C-201/14, NVwZ 2016, 375 Rdnr.34 f.

[5] *Frenzel* in *Paal/Pauly,* DSGVO BDSG, Art. 5 Rdnr. 22, *Reimer* in *Sydow/Marsch,* DSGVO | BDSG, Art. 5 Rdnr. 18.

[6] *Frenzel* in *Paal/Pauly,* DSGVO BDSG, Art. 5 Rdnr. 21.

[7] Siehe hierzu auch Art. 12, Erwgr. 58, 60 DSGVO.

4.2 Zweckbindung

Art. 5 Abs. 1 lit. b) DSGVO legt außerdem fest, dass personenbezogene Daten nur für festgelegte, eindeutige und legitime Zwecke erhoben werden und nicht in einer mit diesen Zwecken nicht zu vereinbarenden Weise weiterverarbeitet werden dürfen.

Der Zweck der Verarbeitung personenbezogener Daten ist bereits **vor Beginn der Verarbeitung festzulegen** und der betroffenen Person gegenüber erkennbar zu machen. Aufgrund der Dokumentations- und Nachweispflichten aus der DSGVO, sowie der aus Art. 5 Abs. 2 DSGVO resultierenden Rechenschaftspflicht (hierzu im Folgenden mehr), empfiehlt es sich, diesen Zweck außerdem zu dokumentieren.[8]

Ein **eindeutiger** Zweck ist gegeben, wenn die ausdrückliche Bezeichnung als Zweck erfolgt sowie inhaltlich-materiell eine gewisse Begrenzungsfunktion (d. h. hinreichende Zweckbestimmung) erfüllt wird. Ein allgemein gefasster Zweck wie „für kommerzielle Zwecke" ist zu vage und genügt nicht.[9]

Faktoren für die Bestimmung des erforderlichen Detailierungsgrades der Zweckbestimmung können etwa die Anzahl der betroffenen Personen, der betroffene geografische Bereich oder das vom Verarbeitungskontext abhängige übliche Maß sein.[10]

Die Erhebung personenbezogener Daten muss zudem zu einem **legitimen** Zweck erfolgen, d. h., dass insbesondere nicht gegen geltendes Recht verstoßen werden darf und es einer entsprechenden Rechtsgrundlage zur Datenverarbeitung bedarf.[11]

Grundsätzlich muss der Verarbeitungsvorgang dem, für ihn vor Erhebung der Daten festgelegten, Zweck entsprechen. Jedoch lässt Art. 5 Abs. 1 lit. b DSGVO **Weiterverarbeitungen zu anderen Zwecken** unter der Bedingung zu, dass diese anderen Zwecke nicht mit den ursprünglich festgelegten Zwecken inkompatibel sind.[12] Sollte also eine Weiterverarbeitung nicht mit den ursprünglichen Zwecken vereinbar sein, ist sie gem. dem Zweckbindungsgrundsatz verboten. Für die entsprechende Feststellung ist die sog. Kompatibilitätsprüfung (Art. 6 Abs. 4)

---

[8] *Steinrötter* in *Borges/Hilber* BeckOK IT-Recht, Art. 5 Rdnr. 16; *Wolff* in *Wolff/Brink*, BeckOK Datenschutzrecht, Syst. A. Prinzipien d. Datenschutzrechts, Rdnr. 24.

[9] *Voigt* in *Taeger/Gabel*, DSGVO–BDSG–TTDSG, Art. 5, Rdnr.24; *Wolff* in *Wolff/Brink*, BeckOK Datenschutzrecht, Syst. A. Prinzipien d. Datenschutzrechts, Rdnr. 27 f..

[10] *Voigt* in *Taeger/Gabel*, DSGVO–BDSG–TTDSG, Art. 5, Rdnr.24.

[11] *Frenzel* in *Paal/Pauly*, DSGVO BDSG, Art. 5 Rdnr. 28.

[12] Wortlaut des Art. 5 Abs. 1 lit. b DSGVO: „dürfen nicht in einer mit diesen Zwecken nicht zu vereinbarenden Weise weiterverarbeitet werden"

heranzuziehen. Daraus ergibt sich in der Folge eine Nachweispflicht der Vereinbarkeit der Weiterverarbeitung mit den ursprünglichen Zwecken.[13] Eine Weiterverarbeitung für im öffentlichen Interesse liegende Archivzwecke, für wissenschaftliche oder historische Forschungszwecke oder für statistische Zwecke gilt gem. Art. 5 Abs. 1 lit. b nicht als unvereinbar mit den ursprünglichen Zwecken.

Die Ausnahmen von der Zweckbindung sollten restriktiv ausgelegt werden, da ansonsten die Gefahr bestünde, die Zweckbindung willkürlich auszuhöhlen.[14] Um mögliche Probleme durch eine Zweckänderung bei der Verarbeitung personenbezogener Daten zu vermeiden, ist es ratsam, zu Beginn des Verarbeitungsvorgangs eine klare und spezifische Zweckliste zu erstellen, die später als Referenz dienen kann.

4.3 Datenminimierung

Art. 5 Abs. 1 lit. c DSGVO enthält den Grundsatz der Datenminimierung. Danach müssen personenbezogene Daten, die der Verantwortliche erhebt, dem Zweck angemessen und erheblich sowie auf das für die Verarbeitungszwecke notwendige Maß beschränkt sein.

Dabei kann sich im Rahmen einer Beurteilung die Kontrollfrage gestellt werden: „Ist anzuerkennen, dass die Daten erforderlich sind, um den Zweck zu erreichen?“[15] Erwägungsgrund 39 S. 9 DSGVO erläutert insofern, dass es nicht möglich sein darf, den Zweck der Verarbeitung in zumutbarer Weise durch andere Mittel erreichen zu können. Ein klassisches Beispiel in diesem Kontext ist die Bestellung eines Newsletters. Notwendig ist lediglich die Eingabe der E-Mail-Adresse für den Empfang des Newsletters,[16] nicht jedoch die Abfrage der Privatanschrift, der Hobbys oder des Berufs der betroffenen Person.

Insgesamt zielt der Grundsatz der Datenminimierung also darauf ab, die Datenerhebung im Verhältnis zum Verarbeitungszweck auf das unbedingt notwendige Maß zu reduzieren.[17] Hierfür gilt es auch, Maßnahmen wie Pseudonymisierung und Anonymisierung auszuschöpfen.[18]

---

[13] *Heberlein* in *Ehmann/Selmayr,* DS-GVO, Art. 5 Rdnr. 16.

[14] *Wolff* in *Schantz/Wolff,* Das neue Datenschutzrecht, Kap. D, Rdnr. 413.

[15] *Frenzel* in *Paal/Pauly,* DSGVO BDSG, Art. 5 Rdnr. 35.

[16] *Schläger/Thode*: Handbuch Datenschutz und IT-Sicherheit, S. 40 Rdnr. 132.

[17] *Frenzel* in *Paal/Pauly,* DSGVO BDSG, Art. 5 Rdnr. 37.

[18] *Pötters* in *Gola/ Heckmann,* DSGVO – BDSG, Art. 5 Rdnr. 24.

4.4 Richtigkeit

Nach Art. 5 Abs. 1 lit. d DSGVO müssen personenbezogene Daten sachlich richtig und erforderlichenfalls auf dem neusten Stand sein. Der Grundsatz der Richtigkeit betrifft somit die **Datenqualität.** Die Richtigkeit personenbezogener Daten ist zu bejahen, wenn die gespeicherten Informationen mit der Realität übereinstimmen.

Die Daten müssen nicht in jedem Fall auf dem neusten Stand sein, wie der Zusatz „erforderlichenfalls" aus Art. 5 Abs. 1 lit. d DSGVO erkennen lässt. Wenn es auf die ursprüngliche Situation ankommt, beziehen sich entsprechende historische Daten nur auf diesen Zeitpunkt und müssen in der Entwicklung nicht angepasst werden. Dies kann etwa bei einer Datenerhebung über den Gesundheitszustand der betroffenen Person relevant sein, welche bei einer bestimmten Untersuchung gewonnen wurden und sich folglich nur auf diesen Zeitpunkt beziehen.[19]

Kommt es jedoch auf tatsächliche Veränderungen bei der Datenverarbeitung an, ist es zwingend notwendig, dass die Daten dem neusten Stand der sachlichen und persönlichen Verhältnisse der betroffenen Person entsprechen, z. B. bei der Speicherung von Zutrittsberechtigungen oder Vorgängen, die einen für die betroffene Person nachteiligen Verdacht begründen oder zu einer unzutreffenden, (benachteiligenden) Rechtsfolge führen könnten.[20]

Nach dem zweiten Halbsatz des Abs. 1 lit. d DSGVO sind alle angemessenen Maßnahmen zu treffen, damit personenbezogene Daten, die im Hinblick auf die Zwecke ihrer Verarbeitung unrichtig sind, unverzüglich gelöscht oder berichtigt werden. Unverzüglich meint ohne schuldhaftes Zögern.[21]

Teilweise werden auch weitere Maßnahmen hinsichtlich der Richtigkeit der Daten vom Verantwortlichen verlangt. So wird in Erwgr. 71 im Zusammenhang mit sog. Profiling verlangt, dass der Verantwortliche technische und organisatorische Maßnahmen trifft, mit denen in geeigneter Weise sichergestellt wird, dass Faktoren, die zu unrichtigen personenbezogenen Daten führen, korrigiert werden und das Risiko von Fehlern minimiert wird.

Der Richtigkeitsgrundsatz wird darüber hinaus insbesondere durch den Berichtigungsanspruch aus Art. 16 ergänzt, demgemäß die betroffene Person die Berichtigung oder Löschung ihrer Daten vom Verantwortlichen verlangen kann.[22]

---

[19] *Herbst* in *Kühling/Buchner,* DSGVO/BDSG, Art. 5 Rdnr. 61.

[20] *Roßnagel* in *Simitis/Hornung/Spiecker,* DSGVO/BDSG, Art. 5 Rdnr. 141.

[21] Frenzel in Paal/Pauly, DSGVO BDSG, Art. 5 Rdnr. 41; „Ohne schuldhaftes Zögern" BGH, Urt. v. 24.012008, VII ZR 17/07 (Rdnr. 22), (s. Fn.194).

[22] *Heberlein* in *Ehmann/Selmayr,* DS-GVO, Art. 5 Rdnr. 24; *Voigt* in *Taeger/Gabel,* DSGVO–BDSG–TTDSG, Art. 5, Rdnr. 32.

4.5 Speicherbegrenzung

Nach dem Grundsatz der Speicherbegrenzung aus Art. 5 Abs. 1 lit. e DSGVO müssen personenbezogene Daten in einer Form gespeichert werden, welche die Identifizierung der betroffenen Personen nur so lange ermöglicht, wie es für die Zwecke, für die sie verarbeitet werden, erforderlich ist. Konkret heißt dies, dass die Speicherfrist für personenbezogene Daten auf das unbedingt erforderliche Mindestmaß beschränkt werden muss.[23]

Durch den Grundsatz der Speicherbegrenzung unterliegt der Verantwortliche der Pflicht, Daten nicht weiterzuverarbeiten, wenn es für die entsprechenden Zwecke nicht mehr notwendig ist und es folglich an der Erforderlichkeit ebendieser Daten für die Erreichung der Zwecke mangelt. Die bereits erläuterten Grundsätze der Zweckbindung und der Datenminimierung finden also in dem Grundsatz der Speicherbegrenzung eine zeitliche Konkretisierung.[24]

Um sicherzustellen, dass die personenbezogenen Daten nicht länger als nötig gespeichert werden, sollte der Verantwortliche Fristen für ihre Löschung oder regelmäßige Überprüfungen der Erforderlichkeit vorsehen.[25]

In der Praxis bietet es sich an, dem Grundsatz durch Entwicklung und Umsetzung eines Löschkonzepts zu entsprechen. Dabei empfiehlt es sich, für die verschiedenen Arten von verarbeiteten Daten spezifische Löschfristen festzulegen und zu dokumentieren (ggf. im Verzeichnis für Verarbeitungstätigkeiten). Als Hilfestellung für die Erstellung des Löschkonzepts kann etwa die DIN 66398 („Leitlinie zur Entwicklung eines Löschkonzepts mit Ableitung von Löschfristen für personenbezogene Daten") herangezogen werden.[26]

Vor einer Löschung zur Umsetzung der Speicherbegrenzung ist zu beachten, dass diese grundsätzlich hinter spezialgesetzlichen und vertraglichen Aufbewahrungspflichten zurücksteht. Bestehen derartige Aufbewahrungspflichten (so z. B. im HGB) so ist i. d. R. zunächst die Aufbewahrungspflicht zu erfüllen. Erst nach Ablauf der Aufbewahrungspflichten ist sodann der Grundsatz der Speicherbegrenzung umzusetzen. Es empfiehlt sich, die betreffenden Daten der Verarbeitung im Wirkbetrieb zu entziehen, sobald sie lediglich zur Umsetzung von Aufbewahrungspflichten gespeichert bleiben müssen. In einigen Fällen normiert das BDSG hierzu sogar eine Pflicht (→ Abschn. 6.3.2).

---

[23] DSGVO Erwgr. 39 S. 9.

[24] *Pötters* in *Gola/Heckmann,* DSGVO – BDSG, Art. 5 Rdnr. 26 ff.; *Spindler/Dalby* in *Spindler/Schuster,* Recht der elektronischen Medien, Art. 5, Rdnr.14.

[25] DSGVO Erwgr. 39 S. 10.

[26] *Voigt* in *Taeger/Gabel,* DSGVO–BDSG–TTDSG, Art. 5, Rdnr. 34 f.

Eine Alternative zur Löschung personenbezogener Daten kann grundsätzlich die Anonymisierung derselben sein.[27] Da es sich beim Anonymisierungsprozess personenbezogener Daten um einen Verarbeitungsschritt handelt, muss grundsätzlich eine Rechtsgrundlage vorliegen, die die Anonymisierung legitimiert. Die anonymisierten Daten selbst unterliegen sodann nicht mehr den Regelungen des Datenschutzrechts.

Ähnlich wie beim Zweckbindungsgrundsatz gelten auch hier Ausnahmen im Hinblick auf im öffentlichen Interesse liegende Archivzwecke, wissenschaftliche und historische Forschungszwecke sowie statistische Zwecke, Art. 5 Abs. 1 lit. e DSGVO. Eine Ausnahme zur Speicherung personenbezogener Daten über den ursprünglichen Zweck hinaus ist insofern für die vorgenannten Ausnahmefälle möglich, wenn entsprechende technische und organisatorische Maßnahmen vorhanden sind, um den Schutz der betroffenen Person zu gewährleisten.[28]

Weitere wichtige Vorschriften zur Absicherung des Grundsatzes der Speicherbegrenzung sind das Recht der betroffenen Person auf Löschung gem. Art. 17 Abs. 1 lit. a DSGVO sowie das Recht auf Einschränkung der Verarbeitung gem. Art. 18 Abs. 1 lit. c DSGVO.

4.6 Integrität und Vertraulichkeit

Nach Art. 5 Abs. 1 lit. f DSGVO müssen personenbezogene Daten in einer Weise verarbeitet werden, die durch geeignete technische und organisatorische Maßnahmen eine angemessene *Sicherheit der personenbezogenen Daten* gewährleistet.

Art. 5 Abs. 1 lit. f DSGVO regelt somit den sog. Grundsatz der Integrität und Vertraulichkeit. **Integrität** meint eine Unversehrtheit der Daten, d. h. Daten sollen bestmöglich gesichert sein, um nicht unbefugt gelöscht oder verändert werden zu können. **Vertraulichkeit** hingegen umfasst Maßnahmen zum Schutz vor unbefugter Kenntnisnahme und Verarbeitung. Weiter sind personenbezogene Daten auch vor zufälliger Zerstörung zu sichern.[29]

---

[27] Bejahend: *Enzmann/Selzer/Spychalski,* EDPL 2019, 416 (416); *Stürmer,* ZD 2020, 626 (630); *Spindler/Dalby* in *Spindler/Schuster,* Recht der elektronischen Medien, Art. 5, Rdnr.14; verneinend: *Roßnagel,* ZD 2021, 188 (192).

[28] *Molnár-Gábor/Kaffenberger,* ZD 2017, 18 (20); *Spindler/Dalby* in *Spindler/Schuster,* Recht der elektronischen Medien, Art. 5, Rdnr.14.

[29] *Voigt* in *Taeger/Gabel,* DSGVO–BDSG–TTDSG, Art. 5, Rdnr. 38; Praktische Hinweise f. die Einrichtung einer Zugriffskontrolle zur Wahrung der Vertraulichkeit v. *ENISA: Guidelines for SMEs on the security of personal date processing, über:* https://www.enisa.europa.eu/sites/default/files/publications/WP2016%203-2%206%20Data%20Controllers%20Risk.pdf, S. 35.

Der Grundsatz der Vertraulichkeit und Integrität wird durch zahlreiche Regelungen der DSGVO insbesondere hinsichtlich erforderlicher technischer und organisatorischer Maßnahmen (→ Kap. 8) konkretisiert. Zu nennen sind hier unter anderem die Pflicht des Datenschutzes durch Technikgestaltung und durch datenschutzfreundliche Voreinstellungen gem. Art. 25 DSGVO. Auch die Pflicht des Verantwortlichen gem. Art. 28 Abs. 3 S. 2 lit. b DSGVO bei Einsatz eines sog. Auftragsverarbeiters zu gewährleisten, dass sich die zur Verarbeitung der personenbezogenen Daten befugten Personen zur Vertraulichkeit verpflichtet haben oder einer angemessenen gesetzlichen Verschwiegenheitspflicht unterliegen, konkretisieren den Grundsatz aus Art. 5 Abs. 1 lit. f DSGVO. Daneben regeln die Vorgaben zur Sicherheit der Verarbeitung aus Art. 32. Art. 33 und 34 DSGVO entsprechende Melde- und Benachrichtigungspflichten bei Verletzungen des Schutzes der personenbezogenen Daten.[30]

4.7 Rechenschaftspflicht

Der Verantwortliche ist nach Art. 5 Abs. 2 DSGVO für die Einhaltung der Grundsätze des Art. 5 Abs. 1 DSGVO verantwortlich und muss deren Einhaltung nachweisen können. Diese Nachweispflicht ist insbesondere hinsichtlich einer Überprüfung durch die Aufsichtsbehörde von Bedeutung, welche nach Art. 58 Abs. 1 lit. a DSGVO die Befugnis hat, den Verantwortlichen zur Bereitstellung von Informationen anzuweisen.

Sollte der Verantwortliche der Nachweispflicht nicht nachkommen, ist dies nicht nur eine Verletzung des Art. 5 Abs. 2 Hs. 2. Der Verantwortliche kann sich darüber hinaus auch nicht mehr gem. Art. 82 Abs. 3 DSGVO einer Haftung entziehen.[31]

U. a. sollte der Verantwortliche die nachfolgenden Aspekte beachten, um seiner Rechenschaftspflicht nachzukommen:

- Es ist ein Verzeichnis der Verarbeitungstätigkeiten nach Art. 30 DSGVO zu führen, sofern hierzu die Pflicht besteht. Sollte keine Pflicht bestehen, ist zu empfehlen zumindest die Rechtsgrundlagen (inkl. Nachweis von erteilten Einwilligungen), Verarbeitungszwecke und Löschfristen jeder Datenverarbeitung zu dokumentieren.

---

[30] *Pötters* in *Gola/Heckmann,* DSGVO – BDSG, Art. 5 Rdnr. 29 f.

[31] *Herbst* in *Kühling/Buchner,* DSGVO/BDSG, Art. 5 Rdnr. 79.

- Bei Datenübermittlung an Drittstaaten sollte eine Dokumentation der Legitimation nach Art. 44 ff. DSGVO erfolgen (bspw. Angemessenheitsbeschluss der EU-Kommission etc.).
- Es sollte dokumentiert werden, ob und inwieweit die betroffene Person über die Datenverarbeitung i. S. d. Art. 13, 14 DSGVO informiert wurde (inkl. Vorhalten der Datenschutzerklärung(en)).
- Es sollte eine Dokumentation zur Festlegung des Verfahrens für die Wahrnehmung und Ausübung der Betroffenenrechte bestehen.
- Die Durchführung von Schulungen zum Datenschutz sollte dokumentiert werden.
- Die Benennung und frühzeitige Einbindung eines DSB bei Einführung neuer Datenverarbeitungen sollte dokumentiert werden.
- Die Umsetzung des Datenschutzes durch Technikgestaltung, der datenschutzfreundlichen Voreinstellungen und technischer und organisatorischer Maßnahmen sollte dokumentiert werden.[32]

Eine Konkretisierung dieses Grundsatzes findet sich in Art. 24 Abs. 1 S. 1 DSGVO.

[32] *Voigt* in *Taeger/Gabel,* DSGVO–BDSG–TTDSG, Art. 5, Rdnr. 42 ff.; eine ausführliche tabellarische Übersicht über die von der Nachweispflicht umfassten Vorgaben findet sich in: *Lachenmann* in *Koreng/Lachenmann,* Formularhandbuch Datenschutzrecht, A. I. „Rechenschaftspflicht".

5 Rechtsgrundlagen

Wie bereits im Kontext des sog. Rechtmäßigkeitsgrundsatzes[1] erläutert, muss eine Datenverarbeitung, die in den Regelungsbereich der DSGVO fällt, grundsätzlich auf einer der in Art. 6 DSGVO aufgelisteten Rechtsgrundlagen beruhen.

Neben der zentralen Vorschrift des Art. 6 DSGVO, sind hinsichtlich des Rechtmäßigkeitsgrundsatzes auch die Sondervorschriften für die Verarbeitung besonderer Kategorien personenbezogener Daten in Art. 9 und Art. 10 DSGVO zu nennen. Darüber hinaus sind in den Art. 85 bis 91 DSGVO weitergehende Regeln für besondere Verarbeitungssituationen normiert. Die Vorschriften der DSGVO werden vereinzelt durch nationale Bestimmungen, insbesondere im BDSG, ergänzt.

5.1 Rechtmäßigkeit der Verarbeitung

Art. 6 DSGVO definiert die grundlegenden Voraussetzungen für eine rechtmäßige Verarbeitung personenbezogener Daten. Demnach muss mindestens eine der folgenden Bedingungen gegeben sein:

- Die Verarbeitung ist durch die **Einwilligung** der betroffenen Person in eine oder mehrere Zwecke der Datenverarbeitung legitimiert, Art. 6 Abs. 1 lit. a DSGVO;
- Die Verarbeitung ist für die **Erfüllung eines Vertrages** oder zur Durchführung vorvertraglicher Maßnahmen erforderlich, die auf Anfrage der betroffenen Person erfolgen, Art. 6 Abs. 1 lit. b DSGVO;

[1] Siehe Abschn. 4.1.

A. Selzer et al., *Datenschutzrecht kompakt*, Rechtsrahmen der Cybersicherheit und Privatheit,
https://doi.org/10.1007/978-3-658-51742-7_5

- Die Verarbeitung ist zur **Erfüllung einer rechtlichen Verpflichtung** erforderlich, der der Verantwortliche unterliegt, Art. 6 Abs. 1 lit. c DSGVO;
- Die Verarbeitung ist erforderlich, um **lebenswichtige Interessen** der betroffenen Person oder einer anderen natürlichen Person zu schützen, Art. 6 Abs. 1 lit. d DSGVO;
- Die Verarbeitung ist für die Wahrnehmung einer Aufgabe erforderlich, die **im öffentlichen Interesse** liegt oder in Ausübung öffentlicher Gewalt erfolgt, die dem Verantwortlichen übertragen wurde, Art. 6 Abs. 1 lit. e DSGVO;
- Die Verarbeitung ist zur **Wahrung berechtigter Interessen** des Verantwortlichen oder eines Dritten erforderlich, sofern nicht die Interessen, Grundrechte, Grundfreiheiten der betroffenen Personen überwiegen, Art. 6 Abs. 1 lit. f DSGVO.

Art. 6 Abs. 4 DSGVO konkretisiert dagegen lediglich den Zweckbindungsgrundsatz und ist nicht selbst ein Erlaubnistatbestand für eine zweckändernde Datenverarbeitung.[2]

Im Folgenden sollen nun ausgewählte Rechtsgrundlagen, die für die Praxis der Datenverarbeitung aus unterschiedlichen Gründen besonders relevant sind, genauer beleuchtet werden.

5.1.1 Einwilligung

Dem Erlaubnistatbestand der Einwilligung kommt in der DSGVO eine besondere Rolle zu. Mit ihr soll der betroffenen Person die Möglichkeit gegeben werden, möglichst stark selbst Einfluss auf die sie betreffende Datenverarbeitung zu nehmen. Insbesondere soll die betroffene Person so aktiv selbst über das „Ob“ und „Wie“ der Verarbeitung ihrer personenbezogenen Daten bestimmen können.[3]

Laut Art. 4 Nr. 11 DSGVO ist eine Einwilligung jede freiwillig für den bestimmten Fall, in informierter Weise und unmissverständlich abgegebene Willensbekundung. Dies muss in Form einer Erklärung oder einer sonstigen eindeutigen bestätigenden Handlung erfolgen und die betroffene Person muss damit zu verstehen geben, dass sie mit der Verarbeitung der sie betreffenden personenbezogenen Daten einverstanden ist.

Zunächst muss eine Einwilligung also **freiwillig** erteilt werden. Hierbei ist gem. Art. 7 Abs. 4 DSGVO insbesondere zu beachten, ob die Erfüllung eines Vertrages

[2] *Buchner/Petri* in *Kühling/Buchner*, DSGVO/BDSG, Art. 6 Rdnr. 183.

[3] *Buchner/Petri* in *Kühling/Buchner*, DSGVO/BDSG, Art. 6 Rdnr. 17.

oder die Erbringung einer Dienstleistung, von der Einwilligung abhängig gemacht wird. Ist dies der Fall, liegt in der Regel keine Freiwilligkeit vor.

Weiter muss die Einwilligung **für den bestimmten Fall** und in **informierter Weise** erteilt werden. Das Ersuchen um eine Einwilligung gem. Art. 7 Abs. 2 S. 1 DSGVO hat in verständlicher und leicht zugänglicher Form in einer klaren und einfachen Sprache zu erfolgen. In gestalterischer Hinsicht gilt die Pflicht, eine schriftliche Einwilligungsklausel (beispielsweise mittels Absätzen, Einrahmungen oder Fettdruck) so darzustellen, dass der Leser sie nicht unbeabsichtigt übersieht. Insbesondere darf ein Einwilligungsersuchen nicht in AGB untergehen.[4]

In Art. 7 DSGVO sind zudem noch weitere Bedingungen für die Einwilligung geregelt. So muss der Verantwortliche nachweisen können, dass eine Einwilligung erteilt wurde, Art. 7 Abs. 1 DSGVO, und die betroffene Person muss vor der Abgabe einer Einwilligung von ihrem Recht, die Einwilligung jederzeit widerrufen zu können, in Kenntnis gesetzt werden, Art. 7 Abs. 3 DSGVO. Erfolgt die Einwilligung unter Verstoß gegen eine Bestimmung der DSGVO, entfaltet sie von vornherein keine rechtsverbindliche Wirkung, Art. 7 Abs. 2 S. 2 DSGVO.

Immer wieder steht die Einwilligung jedoch in der Kritik. Insbesondere wird bemängelt, dass in der Praxis Einwilligungen oftmals eben nicht freiwillig und in informierter Weise erfolgen. Grund für diese Kritik sind beispielsweise vorformulierte Einwilligungserklärungen mit überlangen Ausführungen in „Privacy Policies“.[5]

Besonderheiten bei Kindern

Um der besonderen Schutzbedürftigkeit von Kindern Rechnung zu tragen, gelten für ihre Einwilligungen in Datenverarbeitungsprozesse besondere Anforderungen. Für den Fall, dass Dienste der Informationsgesellschaft einem Kind direkt angeboten werden, bestimmt Art. 8 Abs. 1 DSGVO, dass dessen Einwilligung nur dann wirksam ist, wenn das Kind das sechzehnte Lebensjahr vollendet hat oder die Einwilligung durch oder mit der Zustimmung des Trägers der elterlichen Verantwortung erteilt wird. **Dienst der Informationsgesellschaft** ist laut Art. 4 Nr. 25 DSGVO jede, in der Regel gegen Entgelt, elektronisch im Fernabsatz und auf individuellen Abruf eines Empfängers erbrachte Dienstleistung, zum Beispiel die Nutzung von Apps, Software-Programmen oder sozialen Netzwerken.

Die Daten verarbeitende Stelle ist der Verpflichtung unterworfen, angemessene Maßnahmen zu ergreifen, um in solchen Fällen sicherstellen zu können, dass die

[4] *Heckmann/Paschke* in *Ehmann/Selmayr,* DS-GVO, Art. 7 Rdnr. 79; *Henrik* in *Simitis/Hornung/Spiecker,* DSGVO/BDSG, Art. 7 Rdnr. 77, 78.

[5] *Buchner/Kühling* in *Kühling/Buchner,* DSGVO/BDSG, Art. 7 Rdnr. 10.

Einwilligung auch wirklich durch den Träger der elterlichen Verantwortung für das Kind oder mit dessen Zustimmung erteilt wurde, Art. 8 Abs. 2 DSGVO.

Die DSGVO setzt für die Erteilung einer Einwilligung nicht die Geschäftsfähigkeit der betroffenen Person im zivilrechtlichen Sinne voraus, sondern verlangt eine ausreichende Einsichtsfähigkeit.

Obwohl Art. 8 Abs. 1 DSGVO die Vollendung des sechzehnten Lebensjahres als Orientierungspunkt für diese Einsichtsfähigkeit festlegt, weist Art. 8 Abs. 3 DSGVO darauf hin, dass dies das allgemeine Vertragsrecht der Mitgliedstaaten unberührt lässt. Daher sind in allen Fällen, in denen die Einwilligung in die Datenverarbeitung tatsächlich eine vertragliche Gegenleistung darstellt, weiterhin die bürgerlich-rechtlichen Vorschriften über die Geschäftsfähigkeit anwendbar[6] und der Eintritt der Volljährigkeit mit Vollendung des 18. Lebensjahres maßgeblich, §§ 2, 107 BGB.

Besonderheiten bei Werbung und Newslettern

Betroffenen Personen Werbung und Newsletter zu unterbreiten – unter anderem postalisch, telefonisch oder per E-Mail – bedarf zusätzlich zum Datenschutzrecht einer umfassenden Beachtung des Wettbewerbsrechts. In diesem Zusammenhang hat sich z. B. für die Anmeldung zu E-Mail-Newslettern das sogenannte Double-Opt-In-Verfahren etabliert, bei dem die betroffene Person zunächst über ein Webformular ihr Interesse an dem Newsletter mitteilt und sich unter Angabe ihrer E-Mail-Adresse zu diesem anmeldet. Tatsächlich zum Newsletterversand angemeldet wird sie allerdings erst, nachdem sie einer an die angegebene E-Mail-Adresse gerichtete Bitte um Bestätigung der Anmeldung nachgekommen ist.

5.1.2 Vertragserfüllung

Gem. Art. 6 Abs. 1 lit. b DSGVO ist eine Datenverarbeitung rechtmäßig, wenn sie für die Erfüllung eines Vertrags erforderlich ist, und die betroffene Person Vertragspartei ist.

Eine Datenverarbeitung ist ebenso rechtmäßig, wenn sie zur Durchführung vorvertraglicher Maßnahmen erforderlich ist, die auf Anfrage der betroffenen Person erfolgen. Beispiele hierfür sind, unter anderem, die Abfrage von Daten während einer Vertragsanbahnung oder die Erstellung von individualisierten Angeboten oder Kostenvoranschlägen.[7]

---

[6] *Buchner/Kühling* in *Kühling/Buchner,* DSGVO/BDSG, Art. 7 Rdnr. 69.

[7] *Schulz* in *Gola/Heckmann,* DSGVO – BDSG , Art. 6 Rdnr. 32.

Neben der Einwilligung setzt also auch dieser praxisrelevante Erlaubnistatbestand eine willentliche Entscheidung der betroffenen Person voraus. Vom Willen der betroffenen Person können allerdings nur solche Datenverarbeitungsprozesse getragen werden, die im konkreten Fall vereinbart wurden. Folglich ist immer maßgeblich, was die Parteien im Einzelfall zum Inhalt ihrer Verhandlungen gemacht haben, sodass die betroffene Person nicht eine Verarbeitung ihrer Daten auf der Grundlage von Art. 6 Abs. 1 lit. b DSGVO hinnehmen muss, die sie gar nicht erwarten konnte.[8]

5.1.3 Interessenabwägung

In den Fällen, in denen zwischen der betroffenen Person und dem Verantwortlichen kein Vertrag angebahnt oder geschlossen wurde, wird in der Praxis häufig die Rechtsgrundlage des Art. 6 Abs. 1 lit. f DSGVO einschlägig sein.[9]

Art. 6 Abs. 1 lit. f DSGVO setzt für die Datenverarbeitung eine Abwägung zwischen den berechtigten Interessen des Verantwortlichen oder eines Dritten einerseits und den Interessen, Grundrechten und Grundfreiheiten der betroffenen Person andererseits voraus. Bei diesem Erlaubnistatbestand gibt es daher drei Umstände, die beachtet werden müssen: die Interessen des Verantwortlichen müssen „berechtigt" sein, die Datenverarbeitung muss für die Wahrung der Interessen des Verantwortlichen erforderlich sein und die Interessen der betroffenen Person dürfen nicht überwiegen.[10]

Ein „berechtigtes" Interesse des Verantwortlichen liegt in der Regel vor, wenn die mit der Datenverarbeitung verfolgten Ziele mit den Rechtsordnungen der Europäischen Union und des jeweiligen Mitgliedstaates, sowie den datenschutzrechtlichen Grundsätzen vereinbar sind.[11]

Die Datenverarbeitung ist zur Wahrung dieser Interessen erforderlich, wenn sie objektiv tauglich ist, den verfolgten Zweck zu fördern oder zu erreichen und es keine (für den Verantwortlichen zumutbare) datenschutzfreundlichere Alternative gibt. Es ist nicht erforderlich, dass die Datenverarbeitung für die Zweckerreichung zwingend notwendig ist.[12]

---

[8] *Schantz* in *Simitis/Hornung/Spiecker*, DSGVO/BDSG, Art. 6 Rdnr. 25.

[9] *Taeger* in *Taeger/Gabel*, DSGVO-BDSG-TTDSG, Art. 6 Rdnr. 117.

[10] *Buchner/Petri* in *Kühling/Buchner*, DSGVO/BDSG, Art. 6 Rdnr. 141 ff.

[11] *Schulz* in *Gola/Heckmann*, DSGVO – BDSG, Art. 6 Rdnr. 61.

[12] *Schulz* in *Gola/Heckmann*, DSGVO – BDSG, Art. 6 Rdnr. 20.

Seitens der betroffenen Person werden gerade nicht berechtigte Interessen verlangt, sodass auch irgendwie geartete Interessen eine Datenverarbeitung verbieten könnten. Erforderlich ist nur, dass die Interessen der betroffenen Person durch die Datenverarbeitung nicht nur tangiert werden oder den Interessen des Verantwortlichen gleichstehen, sondern den Interessen des Verantwortlichen tatsächlich überwiegen.[13]

Die Interessenabwägung nimmt zwar der Verantwortliche eigenverantwortlich vor, sie muss aber für den Datenschutzbeauftragten, die Aufsichtsbehörde und die betroffene Person nachvollziehbar sein.[14]

Wird die Datenverarbeitung auf Art. 6 Abs. 1 lit. f DSGVO gestützt, muss der Verantwortliche die betroffene Person über die so verfolgten berechtigten Interessen unterrichten, Art. 13 Abs. 1 lit. d, Art. 14 Abs. 2 lit. b DSGVO. Diese Verpflichtung hat den Zweck, es den betroffenen Personen zu ermöglichen die Rechtmäßigkeit der Verarbeitung ihrer Daten zu überprüfen.[15] Damit eine entsprechende Prüfung sinnvoll erfolgen kann, muss die Information durch den Verantwortlichen derart umfassend und detailliert sein, dass die betroffenen Personen die Interessenabwägung gem. Art. 6 Abs. 1 lit. f DSGVO durchblicken und fundiert Bedenken äußern können.[16] Die betroffene Person hat in Art. 21 Abs. 1 DSGVO ein Widerspruchsrecht gegen die Datenverarbeitung aufgrund von Art. 6 Abs. 1 lit. f DSGVO. Möchte sie Widerspruch einlegen, muss sie dies für ihren individuellen Einzelfall begründen, damit der Verantwortliche diese, von ihm bisher nicht berücksichtigten Aspekte in der Interessensabwägung mitberücksichtigen kann. Ein erfolgreicher Widerspruch führt zum Unterbleiben der Datenverarbeitung für die widersprucheinlegende betroffene Person.

5.2 Die Verarbeitung besonderer Kategorien personenbezogener Daten

Als speziellere Vorschrift genießt Art. 9 DSGVO Vorrang vor Art. 6 DSGVO bei der Verarbeitung sog. besonderer Kategorien personenbezogener Daten.[17]

[13] *Schulz* in *Gola/Heckmann,* DSGVO – BDSG, Art. 6 Rdnr. 62.

[14] *Taeger* in *Taeger/Gabel,* DSGVO-BDSG-TTDSG, Art. 6 Rdnr. 142.

[15] *Schmidt-Wudy* in *Wolff*/Brink, BeckOK Datenschutzrecht, Art. 13 Rdnr. 49; *Schmidt-Wudy* in *Wolff*/Brink, BeckOK Datenschutzrecht, Art. 14 Rdnr. 63.

[16] *Schmidt-Wudy* in *Wolff*/Brink, BeckOK Datenschutzrecht , Art. 13 Rdnr. 49; *Bäcker* in *Kühling/Buchner,* DSGVO/BDSG, Art. 13 Rdnr. 27.

[17] Nachfolgend auch „sensible Daten“ genannt.

Die Notwendigkeit eines besonderen Schutzes für sensible personenbezogene Daten, begründet Erwgr. 51 mit den erheblichen Risiken für die Grundrechte und Grundfreiheiten der betroffenen Personen, die im Zusammenhang mit der Datenverarbeitung auftreten können.

Der besondere Schutz sensibler Daten spiegelt sich in einer verstärkten Zweckbindung, Art. 6 Abs. 4 lit. c DSGVO, höheren Hürden für automatisierte Entscheidungen, Art. 22 Abs. 4 DSGVO, der Pflicht zur Erstellung eines Verarbeitungsverzeichnisses, Art. 30 Abs. 5 DSGVO, und weiteren Schutzregelungen wieder.

Personenbezogene Daten besonderer Kategorien sind gem. Art. 9 Abs. 1 DSGVO personenbezogene Daten, aus denen die rassische und ethnische **Herkunft, politische** Meinungen, **religiöse** oder weltanschauliche Überzeugungen oder die **Gewerkschaftszugehörigkeit** hervorgehen werden sowie **genetische** Daten, **Gesundheitsdaten,** Daten zum **Sexualleben** oder der sexuellen Orientierung oder **biometrischen** Daten zur eindeutigen Identifizierung einer natürlichen Person.

Diese Daten dürfen gem. Art. 9 Abs. 1 DSGVO (auch bei Vorliegen einer Rechtsgrundlage gem. Art. 6 DSGVO) grundsätzlich nicht verarbeitet werden. Hiervon gibt es in Art. 9 Abs. 2 DSGVO streng geregelte Ausnahmen, die eine Verarbeitung sensibler Daten entweder aufgrund einer privatautonomen Entscheidung der betroffenen Person, zur Sicherung von Vorteilen, Rechten und Ansprüchen oder zwecks der Förderung von erheblichen öffentlichen Interessen erlauben. Die Anforderungen an den Verarbeitungsgrund sind dabei grundsätzlich höher als in Art. 6 DSGVO. So bedarf eine Einwilligung u. a. der **ausdrücklichen** Einwilligung der betroffenen Person in die Verarbeitung **besonderer Kategorien** personenbezogener Daten.

Die in Art. 9 Abs. 2 DSGVO geregelten Ausnahmen vom Verarbeitungsverbot haben entweder einen autonomen Regelungscharakter (z. B. Art. 9 Abs. 2 lit. c, d, e, f DSGVO) oder enthalten Öffnungen für das nationale Recht (z. B. Art. 9 Abs. 2 lit. b, g, h, i, j). Diese Konkretisierungsbefugnis nutzt das deutsche Recht in Gestalt von § 22 BDSG[18] und bestimmt weitergehende Anforderungen an die Verarbeitung sensibler Daten, hauptsächlich auf den Gebieten des Sozialrechts, der Gesundheitsversorgung, öffentlicher Gesundheitsinteressen und sonstiger öffentlicher Interessen und der Gefahrenabwehr.

[18] *Deutscher Bundestag,* BT-Drs. 18/11325, 97; siehe auch Erwgr. 10 S. 5 DSGVO.

5.3 Die Verarbeitung personenbezogener Daten über strafrechtliche Verurteilungen und Straftaten

Art. 10 DSGVO bezieht sich auf die Verarbeitung personenbezogener Daten über strafrechtliche Verurteilungen, Straftaten und Sicherungsmaßregeln auf der Grundlage eines Erlaubnistatbestands des Art. 6 Abs. 1 DSGVO.

Die genannten Daten könnten bei unbefugter oder übermäßiger Einsichtnahme zur Diskriminierung oder Stigmatisierung der betroffenen Person führen und möglicherweise so ihrer Resozialisierung schaden.[19] Art. 10 DSGVO bezweckt in der Folge, ähnlich wie Art. 9 DSGVO, einen erhöhten Schutz betroffener Personen aufgrund der Sensibilität der verarbeiteten Daten. Gleichzeitig sollen aber legitime Verarbeitungsprozesse privater und öffentlicher Stellen möglich bleiben.[20]

Art. 10 DSGVO eröffnet zu diesem Zweck zwei Möglichkeiten. Einerseits kann eine Verarbeitung unter behördliche Aufsicht erfolgen, andererseits auch aufgrund einer besonderen Verarbeitungserlaubnis. Ein umfassendes Register über strafrechtliche Verurteilungen darf dabei nur unter behördlicher Aufsicht geführt werden.

Damit eine Datenverarbeitung nach Art. 10 DSGVO der behördlichen Aufsicht unterfällt, muss die Behörde die Rahmenbedingungen der Datenverarbeitung mindestens im wesentlichen Maße bestimmen können.[21] Eine allgemeine Aufsicht seitens der Behörde (z. B. Bankenaufsicht) ist nicht ausreichend.[22]

Soll die entsprechende Datenverarbeitung aufgrund einer besonderen Verarbeitungserlaubnis erfolgen, ist zu beachten, dass allein Unionsrecht oder mitgliedstaatliches Recht eine solche Ausnahme vorsehen kann. Und auch dann ist die Einführung einer solchen Ausnahme nur vertretbar, wenn davon ausgegangen wird, dass festgelegte Garantien ein mit der behördlichen Aufsicht vergleichbares Schutzniveau gewährleisten.[23] Die getroffenen Garantien müssen demnach der besonderen Natur der verarbeiteten Daten Rechnung tragen und über das gewöhnliche Schutzniveau der DSGVO hinausgehen.[24]

---

[19] *Schantz* in *Schantz/Wolff:* Das neue Datenschutzrecht, Rdnr. 723; *Nolde* in *Taeger/Gabel,* DSGVO-BDSG-TTDSG, Art. 10 Rdnr. 1.

[20] *Schantz* in *Schantz/Wolff:* Das neue Datenschutzrecht, Rdnr. 723.

[21] *Schiff* in *Ehmann/Selmayr,* DS-GVO, Art. 10 Rdnr. 7.

[22] *Nolde* in *Taeger/Gabel,* DSGVO-BDSG-TTDSG, Art. 10 Rdnr. 17.

[23] *Petri* in *Simitis/Hornung/Spiecker,* DSGVO/BDSG, Art. 10 Rdnr. 21.

[24] *Frenzel* in *Paal/Pauly,* DSGVO BDSG, Art. 10 Rdnr. 8.

5.4 Vorschriften für besondere Verarbeitungssituationen

In den Art. 85 bis 91 DSGVO sind **weitergehende Regeln für besondere Verarbeitungssituationen** normiert. Diese verpflichten die Mitgliedstaaten dazu, diese besonderen Verarbeitungssituationen genauer zu regeln und an die sonstigen Vorgaben der DSGVO anzupassen.

Aufgrund von Art. 85 Abs. 1 DSGVO sind Mitgliedstaaten dazu verpflichtet, das Recht auf den Schutz personenbezogener Daten mit dem **Recht auf freie Meinungsäußerung und Informationsfreiheit,** einschließlich der Verarbeitung zu journalistischen, wissenschaftlichen, künstlerischen oder literarischen Zwecken, in Einklang zu bringen. Falls erforderlich, können die Mitgliedstaaten hierfür Ausnahmen von den Regelungen der DSGVO vorsehen, Art. 85 Abs. 2 DSGVO.

Art. 86 DSGVO ermöglicht die Offenlegung personenbezogener **Daten in amtlichen Dokumenten,** um den Zugang der Öffentlichkeit zu amtlichen Dokumenten mit dem Recht auf Schutz personenbezogener Daten in Einklang zu bringen.

Gem. Art. 87 DSGVO können die Mitgliedstaaten näher bestimmen, unter welchen Bedingungen eine **nationale Kennziffer** oder andere Kennzeichen von allgemeiner Bedeutung verarbeitet werden dürfen, solange geeignete Garantien für die Rechte und Freiheiten der betroffenen Person gewahrt werden.

Darüber hinaus können die Mitgliedstaaten aufgrund von Art. 88 Abs. 1 DSGVO durch Rechtsvorschriften oder Kollektivvereinbarungen spezifischere Vorschriften für den **Schutz personenbezogener Daten im Beschäftigungskontext** erlassen. Diese Vorschriften müssen „geeignete und besondere Maßnahmen zur Wahrung der menschlichen Würde, der berechtigten Interessen und der Grundrechte der betroffenen Person“ umfassen, Art. 88 Abs. 2 DSGVO.

Art. 89 Abs. 1 DSGVO sieht vor, dass geeignete Garantien für Datenverarbeitungen zu im öffentlichen Interesse liegenden **Archivzwecken,** zu wissenschaftlichen oder historischen **Forschungszwecken** oder zu **statistischen Zwecken** gelten. Diese Garantien sollen sicherstellen, dass technische und organisatorische Maßnahmen bestehen, mit denen insbesondere die Achtung des Grundsatzes der Datenminimierung gewährleistet wird. Bei der Verarbeitung personenbezogener Daten zu den zuvor genannten Zwecken können, vorbehaltlich der geeigneten Garantien, Ausnahmen von den Rechten der DSGVO gemacht werden, wenn diese Rechte voraussichtlich die Verwirklichung der spezifischen Zwecke unmöglich machen oder ernsthaft beeinträchtigen und solche Ausnahmen für die Erfüllung dieser Zwecke notwendig sind, Art. 89 Abs. 2, 3 DSGVO.

Rechte betroffener Personen

6

Das nachfolgende Kapitel thematisiert die sog. Betroffenenrechte der DSGVO. Zunächst soll ein kurzer Überblick über die verschiedenen Rechte und ihre Systematik erfolgen. Im Anschluss wird dann genauer auf die einzelnen Rechte und auch auf die damit verbundenen Pflichten eingegangen.

6.1 Übersicht

Um die Betroffenenrechte der DSGVO zu verstehen, ist es zunächst essenziell zu begreifen, warum sie eine so zentrale Rolle im europäischen Datenschutz einnehmen. Hierfür ist es hilfreich sich bewusst zu machen, dass der europäische Datenschutz die Kontrolle des Einzelnen über seine eigenen Daten in den Mittelpunkt des Datenschutzes rückt. Jeder soll grundsätzlich selbst entscheiden können, ob und in welchem Maße er seine Daten preisgibt und wie und zu welchen Zwecken er sie verarbeiten lässt.[1] Die Betroffenenrechte sind hierfür zentral, weil sie den betroffenen Personen die Möglichkeit geben, aktiv Einfluss auf sie betreffende Datenverarbeitungen zu nehmen.

Für wie wichtig der Verordnungsgeber die Betroffenenrechte erachtet, lässt sich schon daran ablesen, dass ihnen in der DSGVO ein ganzes Kapitel gewidmet ist.

[1] Kumkar in Ludwigs, Handbuch des EU-Wirtschaftsrechts, Kap. 8 § 40 Rdnr. 126.

A. Selzer et al., *Datenschutzrecht kompakt*, Rechtsrahmen der Cybersicherheit und Privatheit,
https://doi.org/10.1007/978-3-658-51742-7_6

6.2 Informationspflichten in der DSGVO

Grundlage für die Ausübung der Betroffenenrechte i. S. d. der DSGVO ist, dass die betroffene Person zunächst einmal über eine sie betreffende Datenverarbeitung in Kenntnis gesetzt wird. Die Informationspflichten des Verantwortlichen sind somit in vielerlei Hinsicht der Kern der Betroffenenrechte der DSGVO.

Die DSGVO unterscheidet hierbei zwischen zwei verschiedenen Formen von Informationspflichten:

- **Art. 13 DSGVO** regelt die **Informationspflichten** des Verantwortlichen gegenüber der betroffenen Person, wenn der Verantwortliche personenbezogene Daten **direkt** bei der betroffenen Person erhebt.
- Im Gegensatz dazu regelt **Art. 14 DSGVO** die **Informationspflichten** des Verantwortlichen für den Fall, dass die personenbezogenen Daten nicht von der betroffenen Person direkt gewonnen, sondern **indirekt,** z. B. aus allgemein zugänglichen Quellen, von Datenhändlern oder von anderen betroffenen Personen erlangt wurden.[2]

Die Informationspflichten des Art. 13 und 14 DSGVO sind für Verantwortliche überaus praxisrelevant. Dies ist unter anderem damit zu begründen, dass die Informationspflichten gem. Art. 13 und 14 DSGVO – im Gegensatz zu allen anderen Betroffenenrechten der DSGVO – ohne Antrag der betroffenen Person und (im Grundsatz) für alle betroffenen Personen zu erfüllen sind. Dies geschieht in der Praxis regelmäßig durch sog. Datenschutzerklärungen.

Art. 13 und 14 DSGVO sind dabei durchaus ähnlich aufgebaut. So finden sich jeweils in den Absätzen 1 und 2 eine Aufzählung der zur Verfügung zu stellenden Informationen und im letzten Absatz der Vorschrift jeweils die Ausnahmen von der Informationspflicht.[3] Außerdem sehen beide bei Zweckänderungen eine (zusätzliche) Informationspflicht des Verantwortlichen über die neuen Verarbeitungszwecke vor.[4] Einige Unterschiede bestehen jedoch trotzdem.

So geht aus Art. 13 DSGVO hervor, dass in Fällen der Direkterhebung die entsprechenden Informationen grundsätzlich *zum Zeitpunkt der Datenerhebung*

---

[2] Art.-29-Datenschutzgruppe, WP 260, Rdnr. 26.

[3] Ausnahmen von Art. 13 ergeben sich aus Art. 13 Abs. 4 DSGVO. Weitere Ausnahmen finden sich in § 32 BDSG. Abweichungen oder Ausnahmen von Art. 14 DSGVO ergeben sich aus Art. 14 Abs. 5 DSGVO und zusätzlich aus dem BDSG in § 29 Abs. 1 hinsichtlich Art. 14 Abs. 1–4 und § 33 hinsichtlich Art. 14 Abs. 1, 2 und 4.

[4] Art. 13 Abs. 3 DSGVO und Art. 14 Abs. 4 DSGVO.

bereitgestellt werden müssen.[5] Art. 14 Abs. 3 DSGVO regelt dagegen, dass die Informationen der betroffenen Person innerhalb einer *angemessenen Frist* nach Erlangung der Daten zu übermitteln sind, spätestens innerhalb eines Monats.

In bestimmten Sonderkonstellationen sieht jedoch auch Art. 14 DSGVO eine Informationspflicht vor Ablauf der Monatsfrist vor. So hat gem. Art. 14 Abs. 3 lit. b DSGVO die Informationserteilung spätestens zum Zeitpunkt der ersten Mitteilung an die betroffene Person zu erfolgen, sofern die personenbezogenen Daten zur Kommunikation mit dieser verwendet werden sollen. Außerdem müssen die Informationen bei beabsichtigter Offenlegung an einen anderen Empfänger gem. Art. 14 Abs. 3 lit. c DSGVO spätestens zum Zeitpunkt der ersten Offenlegung erteilt werden.

6.2.1 Inhalt der Informationspflicht gem. Art. 13 und 14 DSGVO

Im Weiteren soll es nun näher um den genauen Inhalt der Informationspflicht gem. Art. 13 und 14 DSGVO gehen. Zunächst verlangen beide Vorschriften, dass der Name und die **Kontaktdaten des Verantwortlichen** sowie ggf. die seines Vertreters offengelegt werden müssen.[6] Diese müssen für eine Kontaktaufnahme und Geltendmachung der Rechte durch die betroffene Person unter Nennung der vollständigen Bezeichnung des Verantwortlichen, d. h. Name und Firma sowie die zustellungsfähige Anschrift detailliert erfolgen. Auch die **Kontaktdaten des Datenschutzbeauftragten** sind mitzuteilen, sofern ein solcher benannt wurde.[7]

Weiter hat der Verantwortliche über **Zweck und Rechtsgrundlage** der Verarbeitung detailliert zu informieren.[8] Es soll der betroffenen Person möglich sein, die mit seinen Daten vorgenommenen Verarbeitungsvorgänge sowie deren Umfänge nachzuvollziehen und eigenständig zu überprüfen, ob die Datenverarbeitung rechtmäßig ist.[9] Um dem Transparenzgrundsatz aus Art. 5 Abs. 1 lit b gerecht zu werden, ist dabei die Vollständigkeit der Informationen essenziell.

[5] Teilweise wird vertreten, dass die Information entgegen dem Wortlaut der Norm schon ergehen muss, bevor die Daten tatsächlich fließen. (So etwa *Franck* in *Gola/Heckmann,* DSGVO – BDSG, Art. 13 Rdnr. 39.)

[6] Art. 13 Abs. 1 lit. a DSGVO und Art. 14 Abs. 1 lit. a DSGVO.

[7] Art. 13 Abs. 1 lit. b DSGVO und Art. 14 Abs. 1 lit. b DSGVO.

[8] Art. 13 Abs. 1 lit. c DSGVO und Art. 14 Abs. 1 lit. c DSGVO.

[9] *Schmidt-Wudy* in *Wolff/Brink,* BeckOK Datenschutzrecht, Art. 14 Rdnr. 46.

Sollte sich der Verantwortliche bei der Datenverarbeitung auf die Rechtsgrundlage des Art. 6 Abs. 1 lit. f stützen,[10] muss er darüber hinaus auch über **das Vorliegen berechtigter Interessen** informieren.[11]

Zudem hat der Verantwortliche die betroffenen Personen über ggf. bestehende **Empfänger** oder Kategorien von Empfängern[12] der Daten zu informieren.[13] Dabei müssen die Empfänger bzw. Empfängerkategorien entweder konkret benannt oder, falls dies nicht möglich ist, so beschrieben werden, dass die betroffene Person die mit der Datenerhebung verbundenen Risiken einschätzen kann.[14]

Sollte der Verantwortliche eine **Übermittlung der Daten der betroffenen Person in einen Drittstaat** planen, ist die betroffene Person hierüber ebenfalls in Kenntnis zu setzen.[15] Er soll das damit verbundene Übermittlungsrisiko einschätzen können und über mögliche Angemessenheitsbeschlüsse oder sonstige Garantien informiert werden.

Darüber hinaus trifft den Verantwortlichen die Pflicht zur Mitteilung der **Datenspeicherungsdauer,**[16] zur Informierung über die einschlägigen **Betroffenenrechte,**[17] die **Widerrufsmöglichkeit** der Einwilligung[18] (wenn diese die Rechtsgrundlage der Datenverarbeitung darstellt) und das **Beschwerderecht** der betroffenen Personen bei einer Aufsichtsbehörde.[19] Außerdem hat der Verantwortliche über das Bestehen einer automatisierten Entscheidungsfindung (einschließlich **Profiling**) zu informieren.[20]

Bei einer Direkterhebung der Daten bei der betroffenen Person gem. Art. 13 DSGVO ist außerdem über die (vertragliche oder gesetzliche) **Erforderlichkeit** der Bereitstellung der Daten zu informieren.[21]

---

[10] Mehr zur Rechtsgrundlage des berechtigten Interesses gem. Art. 6 Abs. 1 S. 1 lit. f DSGVO in Abschn. 5.1.3.

[11] Art. 13 Abs. 1 lit. d DSGVO und Art. 14 Abs. 2 lit. b DSGVO.

[12] Mehr zum Begriff des „Empfängers“ in Abschn. 3.2.3.

[13] Art. 13 Abs. 1 lit. e DSGVO und Art. 14 Abs. 1 lit. e DSGVO.

[14] *Mester* in *Taeger/Gabel,* DSGVO-BDSG-TTDSG, Art. 13 Rdnr. 14.

[15] Art. 13 Abs. 1 lit. f DSGVO und Art. 14 Abs. 1 lit. f DSGVO.

[16] Art. 13 Abs. 2 lit. a DSGVO und Art. 14 Abs. 2 lit. a DSGVO.

[17] Art. 13 Abs. 2 lit. b DSGVO und Art. 14 Abs. 2 lit. c DSGVO.

[18] Art. 13 Abs. 2 lit. c DSGVO und Art. 14 Abs. 2 lit. d DSGVO.

[19] Art. 13 Abs. 2 lit. d DSGVO und Art. 14 Abs. 2 lit. e DSGVO.

[20] Art. 13 Abs. 2 lit. f DSGVO und Art. 14 Abs. 2 lit. g DSGVO.

[21] Art. 13 Abs. 2 lit. e DSGVO.

Dafür sind bei einer Dritterhebung gem. Art. 14 DSGVO die **Kategorien der verarbeiteten personenbezogenen Daten** mitzuteilen.[22] Dies ist zentral, da die betroffene Person bei Dritterhebungen regelmäßig nicht an der Datenerhebung beteiligt ist und folglich nicht wissen kann, welche ihn betreffenden Daten überhaupt erhoben wurden.[23] Außerdem besteht die Pflicht die betroffene Person über die **Quelle der erhobenen Daten** zu informieren.[24]

6.2.2 Form der Information

Allein den verpflichtenden *Inhalt* der Art. 13 und 14 DSGVO zu beachten, reicht noch nicht aus, um als Verantwortlicher seinen Informationspflichten aus der DSGVO zu genügen. Vielmehr ist auch die notwendige *Form* zu beachten.

Hierfür ist insbesondere Art. 12 DSGVO heranzuziehen. Die Vorschrift regelt die Form der Informierung der betroffenen Person im Rahmen der in Art. 13 und 14 normierten Pflichten.[25] Insbesondere sollen die Informationen in präziser, transparenter, verständlicher und leicht zugänglicher Form in einer klaren und einfachen Sprache übermittelt werden.[26]

Zunächst ist zu beachten, dass Informationen der betroffenen Person kurz und knapp zur Verfügung zu stellen sind, um Informationsermüdung entgegenzuwirken.[27] Komplexe Sätze und Sprachkonstruktionen gilt es zu vermeiden.[28]

Besonders praxisrelevant ist häufig die Frage, in welchen Sprachen die Informationen zur Verfügung gestellt werden müssen. Grundsätzlich gilt, dass die Sprache von der betroffenen Person verstanden werden muss. In Deutschland kann somit davon ausgegangen werden, dass Informationen grundsätzlich auf Deutsch zur Verfügung gestellt werden müssen. Bietet ein Verantwortlicher jedoch z. B. seine Webseite auf Deutsch *und* Englisch an, so hat er die Informationspflicht zusätzlich zur deutschen Sprache regelmäßig auch in englischer Sprache zu erfüllen.[29] Bei der

[22] Art. 14 Abs. 1 lit. d DSGVO.

[23] *Franck* in *Gola/Heckmann*, DSGVO – BDSG, Art. 14 Rdnr. 7.

[24] Art. 14 Abs. 2 lit. f DSGVO.

[25] *Heckmann/Paschke* in *Ehmann/Selmayr*, DS-GVO, Art. 12 Rdnr. 1.

[26] Art. 12 Abs. 1 S. 1 DSGVO.

[27] Pohle/Spittka in Teager/Gabel, DSGVO–BDSG–TTDSG, Art. 12 Rdnr.10.

[28] Pohle/Spittka in Teager/Gabel, DSGVO–BDSG–TTDSG, Art. 12 Rdnr.12.

[29] Pohle/Spittka in Teager/Gabel, DSGVO–BDSG–TTDSG, Art. 12 Rdnr.10.

Verarbeitung personenbezogener Daten von Kindern müssen Informationen unter Umständen auch in kindgerechter Sprache verfasst sein.[30]

Die Informationen sind schriftlich oder in anderer Form, etwa Textform oder elektronisch zu übermitteln, auf Wunsch der betroffenen Person kann dies auch mündlich geschehen.

Grundsätzlich muss vor dem Hintergrund der leichten Zugänglichkeit berücksichtigt werden, dass die Information im Kontext der jeweils relevanten Datenverarbeitung zu erfolgen hat (z. B. die Information von Bewerbern erfolgt über die Stellenausschreibung).

6.3 Weitere Rechte der betroffenen Person

In diesem Abschnitt soll nun gesondert auf die weiteren Rechte der betroffenen Personen eingegangen werden.

6.3.1 Recht auf Auskunft

Im Gegensatz zu den Informationspflichten aus Art. 13 und 14, bedarf es für die Geltendmachung des Auskunftsrechts eines entsprechenden Antrags der betroffenen Person, der sich an den Verantwortlichen richtet.[31] Hierbei ist jedoch zu beachten, dass der Auskunftsanspruch grundsätzlich voraussetzungslos für jede natürliche Person gilt.

Ein weiterer zentraler Unterschied zwischen Art. 15 und den Art. 13 und 14 DSGVO ist der Detailgrad, sowie die Individualisierung der Information.

Beispiel

Informationspflicht: „Wir verarbeiten Ihren Namen und Ihre Anschrift."

Auskunftsanspruch: „Wir verarbeiten folgende, Sie betreffende Daten: Agnes Schmidt-Musterfrau, wohnhaft in der Vogelparkstraße 3 in 64295 Darmstadt."

[30] *Dix* in *Simitis/Hornung/Spiecker*, DSGVO/BDSG, Art. 12 Rdnr. 16. Der EDSA empfiehlt im Kontext der Information bei einer Einwilligung eine Orientierung an der „UN Convention on the Rights of the Child in Child Friendly Language", (*EDSA*, Leitlinie 05/20 zur Einwilligung gem. Verordnung 2016/679 Version 1.1, [https://edpb.europa.eu/sites/default/files/files/file1/ edpb_guidelines_202005_consent_de.pdf], S. 31 (Rdnr.126).

[31] *Mester* in *Taeger/Gabel*, DSGVO-BDSG-TTDSG, Art. 15 Rdnr. 1.

Der Auskunftsanspruch gem. Art. 15 DSGVO kann **in zwei Stufen** gegliedert werden. Auf erster Stufe kann sich die betroffene Person gem. Abs. 1 bestätigen lassen, ob ihre personenbezogenen Daten überhaupt durch den Verantwortlichen verarbeitet werden. Findet eine Verarbeitung statt, kann die betroffene Person auf zweiter Stufe dann seinen eigentlichen Anspruch auf Auskunft geltend machen. Dabei ist irrelevant, ob die entsprechenden Informationen bereits der Informationspflicht aus Art. 13, 14 DSGVO unterlagen.

Im Einzelnen hat der Verantwortliche Auskunft über die **Verarbeitungszwecke** und entsprechenden **Rechtsgrundlagen** zu erteilen, die verarbeiteten **Datenkategorien** aufzuzeigen, die **Empfänger der Daten** offenzulegen, die **Dauer der Datenspeicherung** mitzuteilen und über **Betroffenen- und Beschwerderechte** zu informieren.[32] Sollte der Verantwortliche die Daten der betroffenen Person nicht bei sich selbst erhoben haben, ist er darüber hinaus verpflichtet die betroffene Person über die **Herkunft der Daten** zu unterrichten.[33] Schließlich muss der Verantwortliche auch noch über eine automatisierte Entscheidungsfindung sowie über **Profiling** und bei **Übermittlungen in einen Drittstaat** oder eine internationale Organisation über die entsprechenden Garantien informiert werden.[34]

Nach Art. 15 Abs. 3 S. 1 DSGVO trifft den Verantwortlichen außerdem die Pflicht, der betroffenen Person eine **Kopie seiner personenbezogenen Daten** bereitzustellen. Unter einer „Kopie" versteht man dabei eine grafische Nachbildung der vom Verantwortlichen gespeicherten Daten, in der Art, dass sie bei dem Verantwortlichen wahrnehmbar sind.[35] Stellt die betroffene Person den Antrag elektronisch, so muss die Datenkopie zudem in einem gängigen elektronischen Format erfolgen,[36] wie etwa in Form eines PDF-Dokuments.

Art. 15 Abs. 4 regelt sodann die Grenzen des Rechts auf Erhalt einer Kopie. So dürfen die Rechte und Freiheiten anderer Personen durch das Aushändigen einer Kopie nicht beeinträchtigt werden. Weitere Einschränkungen des Auskunftsrechts finden sich unter anderem in Art. 23, 89 Abs. 2 DSGVO, §§ 27 Abs. 2 S. 2, 28 Abs. 2, 29 Abs. 1 S. 2, 34 Abs. 1 BDSG.

---

[32] Art. 15 Abs. 1 lit. a – f DSGVO.

[33] Art. 15 Abs. 1 lit. g DSGVO.

[34] Art. 15 Abs. 1 lit. h DSGVO und Art. 15 Abs. 2 DSGVO.

[35] *Engeler/Quiel,* NJW 2019, 2201 (2203).

[36] Art. 15 Abs. 3 S. 3 DSGVO.

6.3.2 Recht auf Berichtigung (Art. 16 DSGVO)

Gem. Art. 16 S. 1 DSGVO hat die betroffene Person das Recht, von dem Verantwortlichen unverzüglich die Berichtigung sie betreffender unrichtiger personenbezogener Daten zu verlangen.

„Unrichtig“ sind personenbezogene Daten dann, wenn sie nicht der Realität entsprechen.[37] Das Kriterium der „Unrichtigkeit“ ist objektiv und damit nur auf Tatsachenangaben anwendbar, welche dem Beweis zugänglich sind. Werturteile des Verantwortlichen unterliegen somit grundsätzlich nicht dem Recht auf Berichtigung. Sie sind lediglich dann zu berichtigen, wenn unrichtige personenbezogene Daten darin enthalten sind oder sich auf diese bezogen wird.[38]

Nach Art. 16 S. 2 DSGVO hat die betroffene Person außerdem unter bestimmten Voraussetzungen die Möglichkeit, vom Verantwortlichen zu verlangen, dass unvollständige Daten vervollständigt werden.

Unvollständig sind Daten, wenn sie für sich allein richtig, jedoch im jeweiligen Verarbeitungskontext einen lückenhaften oder unzutreffenden Sinngehalt aufweisen.[39] So ist beispielsweise eine entsprechende Kennzeichnung bei geschätzten Daten unabdingbar, da sie sonst den Eindruck erwecken könnten, dass es sich um Fakten handele.

Ausnahmen bzw. Einschränkungen des Art. 16 DSGVO ergeben sich aus den §§ 27 Abs. 2, 28 Abs. 3 BDSG.[40]

6.3.3 Recht auf Löschung und Recht auf Vergessenwerden (Art. 17 DSGVO)

Art. 17 DSGVO statuiert das Recht auf Löschung und das sog. „Recht auf Vergessenwerden“.

Der Verantwortliche ist im Rahmen des **Rechts auf Löschung** nach Art. 17 Abs. 1 DSGVO zunächst verpflichtet, personenbezogene Daten auf Verlangen[41] der betroffenen Person zu löschen, sofern einer der folgenden Gründe zutrifft:

---

[37] *Dix* in *Simitis/Hornung/Spiecker,* DSGVO/BDSG, Art. 16 Rdnr. 11; *Herbst* in *Kühling/Buchner,* DSGVO/BDSG, Art. 16 Rdnr.8.

[38] *Herbst* in *Kühling/Buchner,* DSGVO/BDSG, Art. 16 Rdnr. 8 f.

[39] *Kamann/Braun,* in *Ehmann/Selmayr,* DS-GVO, Art. 16 Rdnr. 36.

[40] *Laue* in *Spindler/Schuster,* Recht der elektronischen Medien, Art. 16 Rdnr. 11.

[41] Löschung auf „Verlangen“ nach Abs. 1 heißt nicht im Umkehrschluss, dass bei Fehlen eines solchen Begehrens seitens der betroffenen Person keine Löschung erfolgt; auch bei

- Erreichung/ Erfüllung/ Wegfall des Verarbeitungszwecks
- Widerruf der Einwilligung ohne weitere Rechtsgrundlage
- Einlegung eines Widerspruchs
- Unrechtmäßige Datenverarbeitung
- Pflicht zur Löschung durch Anordnung eines Gesetzes
- Verarbeitung von personenbezogenen Daten eines Kindes bei einem Online-Dienst

Liegt einer der in Abs. 1 genannten Gründe vor, so sind die Daten zu löschen, sofern keine Ausnahme von der Löschpflicht vorliegt. Diese finden sich wiederum in Art. 17 Abs. 3 DSGVO sowie in § 35 BDSG. Der Löscherfolg tritt ein, wenn eine Datenauslesung unmöglich ist, die Daten keinen Informationsgehalt mehr aufweisen und eine Rekonstruktion nur mit einem unverhältnismäßigen Aufwand (etwa durch Spezialsoftware, die beim Verantwortlichen nicht vorhanden ist und die er aus finanziellen Gründen auch nicht beschaffen würde) möglich wäre.[42]

Unter dem **„Recht auf Vergessenwerden"** versteht man die Pflicht des Verantwortlichen, in solchen Fällen, in denen die personenbezogenen Daten durch den Verantwortlichen öffentlich gemacht wurden und ein (erfolgreicher) Löschantrag nach Abs. 1 gestellt worden ist, andere relevante Verantwortliche **über den Löschantrag zu informieren.** Art. 17 Abs. 2 verpflichtet den Verantwortlichen in solchen Fällen, angemessene Maßnahmen zu ergreifen, um die relevanten Informationen weiterzugeben – unter Berücksichtigung der verfügbaren Technologien und der Implementierungskosten.[43]

6.3.4 Recht auf Einschränkung der Verarbeitung (Art. 18 DSGVO)

Gem. Art. 18 Abs. 1 DSGVO hat die betroffene Person einen Anspruch auf Einschränkung der Verarbeitung durch den Verantwortlichen, wenn

- die betroffene Person die Richtigkeit der Daten bestreitet (bis zur abgeschlossenen Prüfung der Richtigkeit),

einer fehlenden Rechtsgrundlage hat diese i. S. d. Art. 5 Abs. 1 lit. e DSGVO zu erfolgen; dazu *Menke:* Handbuch Kundendatenschutz, S. 161 Rdnr. 389.

[42] *Spindler/Dalby* in *Spindler/Schuster,* Recht der elektronischen Medien, Art. 17 Rdnr. 10.

[43] *Spindler/Dalby* in *Spindler/Schuster,* Recht der elektronischen Medien, Art. 17 Rdnr. 13.

- eine Datenverarbeitung unrechtmäßig erfolgt und die betroffene Person statt einer Löschung eine Einschränkung verlangt,
- der Verantwortliche die personenbezogenen Daten für die Zwecke der Verarbeitung nicht länger benötigt, die betroffene Person sie jedoch zur Geltendmachung, Ausübung oder Verteidigung von Rechtsansprüchen braucht, oder
- die betroffene Person Widerspruch gegen die Verarbeitung gemäß Artikel 21 Absatz 1 eingelegt hat[44] (für die Dauer der Überprüfung durch den Verantwortlichen).[45]

Art. 4 Nr. 3 DSGVO definiert den Begriff „Einschränkung der Verarbeitung" als „die Markierung gespeicherter personenbezogener Daten mit dem Ziel, ihre künftige Verarbeitung einzuschränken". Die eingeschränkt zu verarbeitenden Daten können weiterhin gespeichert, jedoch lediglich unter den Voraussetzungen des Art. 18 Abs. 2 DSGVO auf sonstige Weise verarbeitet werden.

Gem. Art. 18 Abs. 2 DSGVO dürfen markierte Daten, deren Verarbeitung nach Art. 18 Abs. 1 DSGVO eingeschränkt wurde, dann nur mit Einwilligung der betroffenen Person, zur Geltendmachung, Ausübung oder Verteidigung von Rechtsansprüchen, zum Schutz der Rechte einer anderen Person oder aus Gründen eines wichtigen öffentlichen Interesses der Union bzw. eines Mitgliedstaats verarbeitet werden.

Ziel der Einschränkung ist es somit, die **Datenverarbeitung dem Wirkbetrieb zu entziehen und lediglich für bestimmte Zwecke** zuzulassen.

Eine (keinesfalls erschöpfende)[46] Aufzählung von Methoden zur Einschränkung der Verarbeitung findet sich in Erwgr. 67 DSGVO. Hiernach kann die Einschränkung unter anderem darin bestehen, dass ausgewählte personenbezogene Daten vorübergehend auf ein anderes Verarbeitungssystem übertragen werden, dass sie für Nutzer gesperrt werden oder dass veröffentlichte Daten vorübergehend von einer Website entfernt werden.

Weiter kann auch schon die Markierung der Datensätze ausreichend sein, wenn der Zugriff auf die markierten Datensätze durch die eingesetzte Software in einer den Anforderungen des Art. 18 Abs. 2 DSGVO entsprechenden Modalitäten reguliert wird, etwa durch eine angemessene Verwaltung von Zugriffsrechten sowie eine vorangegangene Abfrage, ob die Datenverarbeitung für einen der in Art. 18 Abs. 2 DSGVO genannten Zwecke erfolgen soll.[47]

---

[44] Mehr zum Widerspruch i. S. d. Art. 21 in Abschn. 6.3.6.

[45] Art. 18 Abs. 1 DSGVO.

[46] *Herbst* in *Kühling/Buchner,* DSGVO/BDSG, Art. 18 Rdnr. 31.

[47] *Herbst* in *Kühling/Buchner,* DSGVO/BDSG, Art. 18 Rdnr. 30.

Für nicht automatisierte Datensysteme, wie z. B. methodisch geordnete Karteikarten wäre etwa ein Aussortieren der entsprechenden Karteikarte sowie eine gesonderte Lagerung an einem sicheren Ort als Maßnahme geeignet. Außerdem eignet sich ein Vermerk wie etwa ein Aufkleber mit dem Vermerk „Eingeschränkte Verarbeitung" auf dem Datenträger.[48]

Hat die betroffene Person eine Einschränkung der Verarbeitung gemäß Art. 18 Abs. 1 DSGVO erwirkt, so ist der Verantwortliche verpflichtet sie vor Aufhebung der Einschränkung zu unterrichten.[49] Erweiterungen und Beschränkungen des Rechts auf Einschränkung der Datenverarbeitung finden sich in § 35 BDSG.

6.3.5 Recht auf Datenübertragbarkeit (Art. 20 DSGVO)

Art. 20 DSGVO formuliert schließlich noch das Recht auf Datenübertragbarkeit.[50] Ziel des Rechts ist es, der betroffenen Person durch automatische Mittel eine bessere Kontrolle über ihre personenbezogenen Daten – bzw. konkret: über die Wahl des Verantwortlichen, der diese Daten verarbeiten soll – zu ermöglichen.[51]

Das in Art. 20 Abs. 1 DSGVO formulierte Recht auf Datenübertragbarkeit setzt sich aus verschiedenen Aspekten zusammen.

Zunächst hat die betroffene Person das Recht, die sie betreffenden personenbezogenen Daten, die sie einem Verantwortlichen bereitgestellt hat, in einem strukturierten, gängigen und maschinenlesbaren Format zu erhalten. **„Strukturiert"** meint dabei, dass das Format eine gewisse Struktur aufweisen soll, z. B. durch Datenfelder wie „Name", „Anschrift", „Geburtsdatum". **Gängig** ist das Format, wenn sich an den Praktiken und dem gegenwärtigen Zustand des Marktes orientiert wird, d. h. ein bekanntes und oft genutztes Format. **Maschinenlesbarkeit** bedeutet, dass das auf dem PC befindliche Betriebssystem das Format erkennen und die darin enthaltenen Dateien auslesen können muss.[52]

Erwgr. 68 S. 1 DSGVO stellt außerdem klar, dass die betroffene Person die Daten auch in einem interoperablen Format zu erhalten hat. Für die Annahme von **Interoperabilität** ist notwendig, dass das gewählte Dateiformat eine Übermittlung an eine Vielzahl von Dienstanbietern ermöglicht.

---

[48] *Herbst* in *Kühling/Buchner,* DSGVO/BDSG, Art. 18 Rdnr. 30.

[49] Art. 18 Abs. 3 DSGVO.

[50] Auch „Recht auf Datenportabilität", so etwa *Schantz,* NJW 2016, 1841 (1845).

[51] *Paal* in *Paal/Pauly,* DSGVO BDSG, Art 20 Rdnr. 4.

[52] *Plitz* in *Gola/Heckmann,* DSGVO – BDSG, Art. 20 Rdnr. 26.

Ein Beispiel für das in Art. 20 Abs. 1 DSGVO erwartete Format sind txt- oder rtf-Dateien oder auch Dateien im Excel-Format.[53]

Außerdem beinhaltet das Recht auf Datenübertragbarkeit gem. Art. 20 Abs. 1 DSGVO das Recht, die eigenen Daten einem anderen Verantwortlichen ohne Behinderung durch den (ersten) Verantwortlichen, dem die personenbezogenen Daten (ursprünglich) bereitgestellt wurden, zu übermitteln. Hierdurch soll ein unkomplizierter Wechsel von einem Verantwortlichen (Anbieter) zu einem anderen ermöglicht werden.

Typischer Anwendungsfall ist dabei der Umzug von Nutzer-Accounts zu anderen Anbietern im Internet, etwa einem sozialen Netzwerk oder einem E-Mail-Provider zu einem anderen.[54] Damit soll eine manuelle Übertragung der Profildaten der betroffenen Person umgangen werden und sog. „Lock-in-Effekte" verhindert werden, welche vorliegen, wenn die betroffene Person aufgrund der Umständlichkeit des Anbieterwechsels faktisch an einen Anbieter gebunden ist.[55]

Nach Art. 20 Abs. 1 lit. a DSGVO muss die Verarbeitung auf einer Einwilligung oder einem Vertrag beruhen, damit das Recht auf Datenübertragbarkeit besteht. Zudem wird nach Art. 20 Abs. 1 lit. b DSGVO die Verarbeitung auf einem automatisierten Verfahren vorausgesetzt. Diese Voraussetzungen stellt eine Ausnahme zu der sonst geltenden Technologieneutralität der DSGVO dar. Akten oder Karteisysteme (gedruckte oder „menschenlesbare Form") können daher nicht Grundlage des Rechts auf Datenübertragbarkeit sein.[56]

Soweit technisch machbar, hat die betroffene Person nach Art. 20 Abs. 2 DSGVO das Recht, vom Verantwortlichen zu verlangen, dass dieser die Daten direkt in ein Angebot eines anderen Anbieters überträgt.

Art. 20 Abs. 3 DSGVO regelt eine Ausnahme des Rechts auf Datenübertragbarkeit für Daten, die von der öffentlichen Verwaltung verarbeitet werden und stellt klar, dass das Recht auf Löschung gem. Art. 17 DSGVO unberührt bleibt.

Durch Art. 20 Abs. 4 DSGVO wird das Recht auf direkte Datenübermittlung begrenzt, wenn Rechte und Freiheiten Dritter beeinträchtigt werden. Diese Vorschrift ist jedoch grundsätzlich restriktiv auszulegen, um die Übertragung von Profilen in sozialen Netzwerken sowie die von E-Mail-Konten zu realisieren.[57]

---

[53] *Plitz* in Gola/Heckmann, DSGVO – BDSG, Art. 20 Rdnr. 26.

[54] *Schantz,* NJW 2016, 1841 (1845); *Herbst* in *Kühling/Buchner,* DSGVO/BDSG, Art. 20 Rdnr. 2.

[55] *Herbst* in *Kühling/Buchner,* DSGVO/BDSG, Art. 20 Rdnr. 2.

[56] *Spindler/Dalby* in *Spindler/Schuster,* Recht der elektronischen Medien, Art. 20 Rdnr. 5.

[57] *Albrecht/Jotzo,* Das neue Datenschutzrecht der EU, Teil 4 Rdnr. 21.

6.3.6 Sonderfälle

Sowohl das Widerspruchsrecht aus Art. 21 DSGVO wie auch die Betroffenenrechte im Zusammenhang mit automatisierten Entscheidungen im Einzelfall stellen in gewisser Weise Sonderfälle zu den Rechten aus Art. 16, 17, 18 und 20 DSGVO dar und sollen deswegen im Folgenden gesondert erläutert werden.

6.3.6.1 Sonderfall 1: Das Widerspruchsrecht (Art. 21 DSGVO)

Das in Art. 21 DSGVO geregelte Widerspruchsrecht erlaubt es der betroffenen Person unter bestimmten Voraussetzungen grundsätzlich **rechtmäßige Datenverarbeitungen** des Verantwortlichen **zu unterbinden.** Zweck des Widerspruchsrechts ist demnach keine Wiedergutmachung fehlerhafter Datenverarbeitungen, sondern die **Beendigung der Datenverarbeitung** sowie die **Löschung der Daten für die Zukunft.**[58]

Gem. Art. 21 DSGVO kann sich das Widerspruchsrecht aus verschiedenen Gründen ergeben. Eine betroffene Person kann demnach grundsätzlich Widerspruch gegen die Verarbeitung einlegen, wenn die Verarbeitung auf **Grundlage des Art. 6 Abs. 1 lit. e und f DSGVO**[59] erfolgt (Art. 21 Abs. 1 S. 1) oder die Daten verarbeitet werden, um **Direktwerbung** zu betreiben (Art. 21 Abs. 2 DSGVO).

Art. 21 Abs. 1 S. 1 verlangt neben der Verarbeitung auf Grundlage des **Art. 6 Abs. 1 lit. e und f DSGVO** auch noch das Bestehen einer besonderen Situation, die aufseiten der betroffenen Person gegen eine fortbestehende Datenverarbeitung spricht, z. B. persönlicher, familiärer, wirtschaftlicher oder rechtlicher Art. Die betroffene Person muss diese begründen und hat auf Verlangen des Verantwortlichen entsprechende Nachweise beizubringen.[60] Auch wenn alle Voraussetzungen des Widerspruchsrechts gem. Art. 21 Abs. 1 S. 1 vorliegen, kann der Verantwortliche die personenbezogenen Daten jedoch unter Umständen weiterverarbeiten. Hierfür muss er zwingende schutzwürdige Gründe für die Verarbeitung nachweisen, die gegenüber den Interessen, Rechten und Freiheiten der betroffenen Person überwiegen. Dabei sind Gründe zwingend, wenn der Verantwortliche seine (legitimen) Zwecke nur durch die Datenverarbeitung erreichen kann; dies muss im Einzelfall durch eine Verhältnismäßigkeitsprüfung erörtert werden.[61] Auch wenn die

[58] *Munz* in *Taeger/Gabel*, DSGVO-BDSG-TTDSG, Art. 21 Rdnr. 1.

[59] Mehr zu den entsprechenden Rechtsgrundlagen in Abschn. 5.1.3.

[60] LG Hamburg, Urt. v. 23.07.2020–334 O 161/19, ZD 2021, 216 (Rdnr. 16).

[61] *Martini* in *Paal/Pauly*, DSGVO BDSG, Art. 21 Rdnr. 37.

Verarbeitung der Geltendmachung, Ausübung oder Verteidigung von Rechtsansprüchen dient, ist der Widerspruch unbegründet.

Anders als das Widerspruchsrecht aus Abs. 1 enthält Abs. 2 keine weiteren Voraussetzungen. Die Datenverarbeitung muss lediglich erfolgen, um **Direktwerbung** zu betreiben. Direktwerbung ist dabei die unmittelbare (insb. personalisierte) Ansprache von Personen mittels Werbematerials wie E-Mails, Telefon, Werbebannern auf Webseiten, Apps, SMS, Prospekten etc. mit dem Ziel der Absatzförderung.[62]

Aus Art. 21 Abs. 3 DSGVO ergibt sich ein künftiges Verarbeitungsverbot für Fälle des Widerspruchs gegen eine Verarbeitung für Zwecke der Direktwerbung. Aus Art. 21 Abs. 1 Satz 2 Hs. 1 DSGVO ergibt sich diese Pflicht auch in Fällen des Widerspruchsrechts gem. Art. 21 Abs. 1 DSGVO.

Art. 21 Abs. 4 DSGVO enthält darüber hinaus eine Unterrichtungspflicht des Verantwortlichen und Art. 21 Abs. 5 DSGVO Spezifikationen für die Ausübung des Widerspruchrechts im Fall der Nutzung von Diensten der Informationsgesellschaft. Nach Abs. 6 kann die betroffene Person einer Verarbeitung ihrer personenbezogenen Daten, die sich aus ihrer besonderen Situation ergeben, schließlich auch noch widersprechen, wenn die Daten zu wissenschaftlichen oder historischen **Forschungszwecken** oder zu statistischen Zwecken i. S. d. Art. 89 Abs. 1 DSGVO verarbeitet werden, es sei denn, die Verarbeitung ist zur Erfüllung einer **im öffentlichen Interesse liegenden Aufgabe** erforderlich.[63]

Abzugrenzen ist das Widerspruchsrecht vom Widerruf nach Art. 7 Abs. 3 S. 1 DSGVO, bei dem es sich um die Rücknahme einer durch die betroffene Person abgegebenen Einwilligung handelt.[64]

6.3.6.2 Sonderfall 2: Rechte bei automatisierten Entscheidungen im Einzelfall einschließlich Profiling (Art. 22 DSGVO)

Art. 22 DSGVO gewährt der betroffenen Person das Recht, keiner Entscheidung unterworfen zu sein, die ausschließlich auf einer **vollautomatisierten Verarbeitung** beruht, einschließlich **Profiling.** Im Gegensatz zu anderen Betroffenenrechten ist dieses Recht jedoch nicht von der Ausübung einer betroffenen Person abhängig, vielmehr handelt es sich um ein umfassendes Verbot, welches unabhän-

[62] *Helfrich* in *Sydow/Marsch,* DSGVO | BDSG, Art. 21 Rdnr. 77.

[63] Mehr hierzu beispielsweise bei *Helfrich* in *Sydow/Marsch,* DSGVO | BDSG, Art. 21 Rdnr. 87 ff.

[64] *Schulz* in *Gola/Heckmann,* DSGVO – BDSG, Art. 21 Rdnr. 3.

gig von der individuellen Geltendmachung besteht.[65] Konkretisierungen des Verbots enthält § 37 BDSG.

Ziel der Bestimmungen des Art. 22 ist es, die betroffene Person vor den besonderen Gefahren zu schützen, die mit automatisierten Entscheidungen einher gehen können. Insbesondere sollen Entscheidungen, die die Beurteilung einer Person beinhalten und die rechtliche Wirkung entfalten (z. B. indem deswegen staatliche Leistungen gewährt oder verwehrt werden), nicht allein einer Software überlassen werden, sondern eine gewisse menschliche Einwirkung gewährleistet sein.

In der Praxis stellt dabei häufig die Abgrenzung vollautomatisierter Verarbeitungen und Verarbeitungen mithilfe automatisierter Prozesse eine Herausforderung dar.

Beispiel

In der Regel stellt eine Bonitätsprüfung, bei der ein Sachbearbeitender eine vollständig von einem Computerprogramm erstellte Bonitätseinstufung inhaltlich überprüft und sie unverändert bestätigt, *keine* vollautomatisierte Entscheidung dar, sofern der Sachbearbeitende über eine entsprechende Entscheidungskompetenz verfügt die Bonitätseinstufung zu ändern oder abzulehnen. In solchen Fällen ist die automatisierte Datenverarbeitung dann nur die Grundlage einer von einer natürlichen Person zu treffenden, finalen Entscheidung.[66]

Sog. **„Profiling“** stellt das wohl praxisrelevanteste Beispiel der vollautomatisierten Entscheidungen dar.[67] In Art. 4 Nr. 4 DSGVO wird der Begriff definiert als jede Art der automatisierten Verarbeitung personenbezogener Daten, die darin besteht, dass diese personenbezogenen Daten verwendet werden, um bestimmte persönliche Aspekte, die sich auf eine natürliche Person beziehen, zu bewerten. Als Beispiel für Einsatzbereiche des Profilings wird genannt, Aspekte bezüglich Arbeitsleistung, wirtschaftlicher Lage, Gesundheit, persönliche Vorlieben, Interessen, Zuverlässigkeit, Verhalten, Aufenthaltsort oder Ortswechsel einer natürlichen Person zu analysieren oder vorherzusagen.[68] Jedoch finden sich in Art. 22 DSGVO keine weiteren inhaltlichen Besonderheiten für das „Profiling“ als Beispiel für eine automatisierte Entscheidung im Einzelfall.[69]

---

[65] *Martini* in *Paal/Pauly,* DSGVO BDSG, Art. 22 Rdnr. 29 b; a. A. Franzen in Franzen/Gallner/Oetker, Kommentar zum europäischen Arbeitsrecht, Art. 22 Rn. 3.

[66] *Buchner* in *Kühling/Buchner,* DSGVO/BDSG, Art. 22 Rdnr. 16.

[67] *Buchner* in *Kühling/Buchner,* DSGVO/BDSG, Art. 22 Rdnr. 20; *Scholz* in *Simitis/Hornung/Spiecker,* DSGVO/BDSG, Art. 22 Rdnr. 23.

[68] Art. 4 Nr. 4 DSGVO.

[69] *Buchner* in *Kühling/Buchner,* DSGVO/BDSG, Art. 22 Rdnr. 21; *Scholz* in *Simitis/Hornung/Spiecker,* DSGVO/BDSG, Art. 22 Rdnr. 23.

Ausnahmen des allgemeinen Verbots von automatisierten Entscheidungen im Einzelfall finden sich in Art. 22 Abs. 2 lit a – c DSGVO. Jedoch muss der Verantwortliche gem. Art. 22 Abs. 3 DSGVO für die in Abs. 2 genannten Ausnahmen, angemessene Maßnahmen ergreifen, um der betroffenen Person die Möglichkeit zu geben, ggf. einzugreifen. Hier reicht es, dass relevante Informationen erteilt werden (etwa die zugrunde liegende Logik), um der betroffenen Person eine Ausübung ihrer Rechte zu ermöglichen. Eine Offenlegung des gesamten Programmcodes ist i. d. R. nicht erforderlich.

Art. 22 Abs. 4 DSGVO schließt sensible Daten i. S. d. Art. 9 DSGVO[70] grundsätzlich von automatisierten Einzelfallentscheidungen aus, sofern nicht eine ausdrückliche Einwilligung der betroffenen Person nach Maßgabe des Art. 9 Abs. 2 lit. a DSGVO vorliegt oder ein erhebliches öffentliches Interesse i. S. d. Art. 9 Abs. 2 lit. g DSGVO gegeben ist und angemessene Maßnahmen zum Schutz der Rechte und Freiheiten sowie der berechtigten Interessen der betroffenen Person getroffen wurden.

6.4 Modalitäten und Beschränkungen

Schließlich soll noch auf besondere Modalitäten für die Ausübung der Rechte der betroffenen Person, sowie auf die generell zu beachtende Mitteilungspflicht gem. Art. 19 DSGVO eingegangen werden. Außerdem werden im Folgenden auch die Beschränkungen der Betroffenenrechte erläutert.

6.4.1 Modalitäten für die Ausübung der Rechte der betroffenen Person

Art. 12 DSGVO regelt grundsätzlich, wie die Ausübung von Betroffenenrechten i. S. d. Art. 15–22 DSGVO durch den Verantwortlichen gestaltet werden soll und wie dieser mit Anfragen von betroffenen Personen umzugehen hat.

Grundsätzlich muss der Verantwortliche nach Art. 12 Abs. 2 S. 1 DSGVO die Rechteausübung der betroffenen Person erleichtern. Dieser Pflicht kommt er nach, indem er bspw. aktiv Zuständigkeiten und Ansprechpartner benennt, der betroffenen

[70] Mehr zu der Verarbeitung von besonderen Kategorien personenbezogener Daten in Abschn. 5.2.

Person bei Rückfragen zur Seite steht sowie (elektronische) Informationsmöglichkeiten und -kanäle wie Kontaktformulare zur Verfügung stellt.[71]

Macht die betroffene Person ihre Rechte gem. Art. 15–22 geltend, so hat der Verantwortliche auf Antrag der betroffenen Person *unverzüglich*[72] Informationen hierzu zur Verfügung zu stellen. In jedem Fall hat jedoch der Verantwortliche die Information innerhalb eines Monats nach dem Eingang des Antrags bereitzustellen.[73] Unter Berücksichtigung der Komplexität und der Anzahl der Anträge kann die Frist unter Umständen um weitere zwei Monate verlängert werden.[74] Wichtig ist, dass der Verantwortliche im Rahmen der Erfüllung von Betroffenenrechten sicherstellt, nur der im Einzelfall berechtigten Person zu antworten – sonst kann im schlimmsten Fall eine unberechtigte Person Antrag auf Auskunft zu einer anderen Person stellen, in dem er sich für diese ausgibt, nicht aber die Interesse dieser angibt, sondern seine eigene.

Gem. Art. 12 Abs. 5 S. 1 DSGVO müssen Informationen und Maßnahmen für die betroffene Person grundsätzlich kostenfrei zur Verfügung gestellt werden. Art. 12 Abs. 5 S. 2 DSGVO regelt Ausnahmen hiervon, z. B. wenn Anträge offenkundig unbegründet oder exzessiv sind.

Im Übrigen gelten die allgemeinen Vorschriften des Art. 12 Abs. 1, insbesondere hinsichtlich der Sprache und Darstellung der Informationen.

6.4.2 Mitteilungspflicht

Gem. Art. 19 S. 1 DSGVO ist der Verantwortliche i. d. R. verpflichtet allen Empfängern,[75] denen personenbezogene Daten offengelegt wurden, jede Geltendmachung einer Berichtigung oder Löschung der Daten sowie einer Einschränkung der Verarbeitung mitzuteilen. Zweck dieser Mitteilungspflicht ist es, der betroffenen Person die Durchsetzung ihrer Rechte aus Art. 16, 17 Abs. 1 und 18 DSGVO

---

[71] *Dix* in *Simitis/Hornung/Spiecker*, DSGVO/BDSG, Art. 12 Rdnr. 23; s. auch Erwgr. 59 DSGVO.

[72] „Unverzügliches Handeln" ist hier wie in § 121 BGB als „Handeln ohne schuldhaftes Zögern" zu verstehen (s. Fn.79.).

[73] Art. 12 Abs. 3 S. 1 DSGVO.

[74] Art. 12 Abs. 3 S. 2 DSGVO. Zu den weiteren Modalitäten, insbesondere was Informationspflichten angeht: Art. 12 Abs. 3 S. 2 und 4 DSGVO mit weiteren Ausführungen z. B. bei *Quaas* in *Wolff/Brink*, BeckOK Datenschutzrecht, Art. 12 Rdnr. 35 ff.

[75] Mehr zum Begriff des „Empfängers" in Abschn. 3.2.3.

gegenüber den betreffenden Empfängern zu erleichtern. Den Empfängern der Daten wird ermöglicht ihren datenschutzrechtlichen Verpflichtungen nachzukommen, während zugleich die betroffene Person vor einer Weiterverarbeitung unrichtiger oder unrechtmäßiger Daten durch die Datenempfänger geschützt wird.[76]

Die Mitteilungspflicht des Verantwortlichen **entfällt** gem. Art. 19 S. 1 HS. 2 DSGVO, wenn die Mitteilung unmöglich oder mit einem unverhältnismäßigen Aufwand verbunden ist. Unmöglich ist die Mitteilung, wenn der Empfänger bspw. nicht mehr existiert oder unbekannt verzogen ist. Für die Ermittlung des unverhältnismäßigen Aufwands ist eine Abwägung des Einzelfalls – einerseits zwischen dem zeitlichen und finanziellen Aufwand, der mit der Mitteilung verbunden ist, und andererseits den Interessen der betroffenen Person auf Berichtigung, Einschränkung der Verarbeitung oder Löschung – erforderlich.[77]

6.4.3 Beschränkungen

Art. 23 DSGVO legt fest, unter welchen (formellen und materiellen) Anforderungen nationale Rechtsvorschriften insbesondere die Betroffenenrechte sowie Art. 34 DSGVO beschränken können. Sollten nationale Beschränkungen durchgesetzt werden, gilt es also die Schranken aus Art. 23 DSGVO zu beachten.[78]

Art. 23 DSGVO sieht insbesondere vor, dass

- nur die im Art. 23 Abs. 1 DSGVO aufgeführten Rechte beschränkt werden dürfen,
- der Kerngehalt der Grundrechte und Grundfreiheiten gewahrt bleiben muss,
- die Beschränkung notwendig, verhältnismäßig und demokratisch gerechtfertigt sein muss,
- die Beschränkung einem der in Art. 23 Abs. 1 lit. a – j DSGVO genannten Zwecke (wie etwa der nationalen Sicherheit oder der Landesverteidigung) dienen muss und
- die die Beschränkung enthaltende Vorschrift bestimmte Mindestanforderungen i. S. d. Art. 23 Abs. 2 DSGVO erfüllen muss.

---

[76] *Peuker* in *Sydow/Marsch,* DSGVO I BDSG, Art. 19 Rdnr. 1.

[77] *Laue* in *Spindler/Schuster,* Recht der elektronischen Medien, Art. 19 Rdnr. 6.

[78] *Bertermann* in *Ehmann/Selmayr,* DS-GVO, Art. 23 Rdnr. 1.

Der Bundesgesetzgeber hat von dieser Öffnungsklausel in den §§ 32–37 BDSG, in denen die Rechte der betroffenen Person behandelt werden, Gebrauch gemacht und Beschränkungen auf dessen Grundlage vorgenommen.[79]

[79] *Gola* in *Gola/Heckmann,* DSGVO – BDSG, Art. 23 Rdnr. 22.

Drittstaatsübermittlung 7

In einer vernetzten Welt mit international agierenden Unternehmen und Dienstleistern machen Datenflüsse nicht an nationalen Grenzen halt. Damit auch der Schutz natürlicher Personen nicht an diesen Grenzen endet, regelt Kap. V der DSGVO die Übermittlung personenbezogener Daten an Drittstaaten – das sind Länder außerhalb des Europäischen Wirtschaftsraumes – und internationale Organisationen. Hierfür müssen die Vorgaben nach Art. 44 DSGVO, zusätzlich zu den Bedingungen einer Rechtsgrundlage und den allgemeinen Rechtsgrundsätzen, eingehalten werden.

Für eine Übermittlung von Daten an Organisationen in Drittstaaten sieht die DSGVO in ihren Art. 45 bis 49 eine abschließende Auswahl rechtmäßiger Möglichkeiten vor, nämlich Angemessenheitsbeschlüsse der EU-Kommission, geeignete Garantien für den Datenschutz oder das Eingreifen eines Ausnahmetatbestandes.

Diese Regelungen sollen einerseits verhindern, dass personenbezogene Daten an Orten, an denen möglicherweise kein adäquater Datenschutz vorhanden ist, verarbeitet werden und das Schutzniveau der DSGVO somit untergraben wird. Andererseits soll der internationale Datenverkehr nicht zu sehr eingeschränkt werden, um den globalen Handel und die internationale Zusammenarbeit aufrechtzuerhalten.[1]

7.1 Angemessenheitsbeschluss der EU-Kommission

Mit einem Angemessenheitsbeschluss stellt die EU-Kommission fest, dass in einem Drittstaat oder einer internationalen Organisation ein der DGSVO gleichwertiges Schutzniveau für betroffene Personen bei der personenbezogenen Daten-

[1] *Gabel* in *Taeger/Gabel,* DSGVO-BDSG-TTDSG, Art. 44 Rdnr. 1.

A. Selzer et al., *Datenschutzrecht kompakt*, Rechtsrahmen der Cybersicherheit und Privatheit,
https://doi.org/10.1007/978-3-658-51742-7_7

verarbeitung besteht und daher mit einer Übermittlung an den Datenempfänger im Drittstaat keine verschärften Risiken einhergehen. Datenübermittlungen dürfen bei Vorliegen eines solchen Beschlusses ohne eine besondere Genehmigung erfolgen.[2]

Bei der Prüfung der Angemessenheit des Schutzniveaus berücksichtigt die EU-Kommission gem. Art. 45 Abs. 2 DSGVO insbesondere rechtliche Indikatoren für die Rechtsstaatlichkeit der Rechtsordnung des Datenempfängers und das Vorliegen wirksamer Rechtsbehelfe für betroffene Personen, die Existenz und die wirksame Funktionsweise einer oder mehrerer unabhängiger Aufsichtsbehörden sowie von dem betreffenden Drittstaat oder der betreffenden internationalen Organisation eingegangene Verpflichtungen in Bezug auf den Schutz personenbezogener Daten.

Die EU-Kommission überwacht fortlaufend die Entwicklungen in Drittstaaten und bei internationalen Organisationen, die die Wirkungsweise der erlassenen Angemessenheitsbeschlüsse beeinträchtigen könnten.[3] Zudem muss mindestens alle vier Jahre eine Überprüfung der Angemessenheit des Schutzniveaus vorgenommen werden.[4]

Drittstaaten mit derzeit anerkannt angemessenem Schutzniveau sind u. a. Andorra, Argentinien, Israel, Japan, Neuseeland und die Schweiz.[5]

Einen Sonderfall stellt die Datenübermittlung in die USA dar. Einen ersten Angemessenheitsbeschluss der USA namens „Safe Harbor" hatte der EuGH im sog. Safe-Harbor- oder Schrems-Urteil vom 6. Oktober 2015 – u. a. aufgrund fehlender Rechtsbehelfe für EU-Bürger sowie umfangreicher Zugriffsmöglichkeiten auf Daten durch US-geheimdienste – für ungültig erklärt.[6] Daraufhin wurde das sog. EU-US „Privacy Shield" entwickelt, das ein ausreichendes Datenschutzniveau herstellen und zur Grundlage für einen neuen Angemessenheitsbeschluss werden sollte.[7] Der Privacy-Shield-Beschluss rückte jedoch schnell in die Kritik. Grund hierfür waren vor allem die Zugriffsmöglichkeiten von US-Behörden auf personenbezogene Daten aus dem EWR.[8] Zwar wurde eine Ombudsperson eingeführt, die für Beschwerden gegen entsprechende Datenverarbeitungen seitens der US-Nachrichtendienste zuständig war, diese war jedoch direkt dem US-Außenminister

[2] Art. 46 Abs. 1 DSGVO.

[3] Art. 46 Abs. 4 DSGVO.

[4] Art. 46 Abs. 3 S. 2 DSGVO.

[5] *European Commission,* Adequacy Decisions, über: https://ec.europa.eu/info/law/law-topic/data-protection/international-dimension-data-protection/adequacy-decisions_de.

[6] *EuGH,* Urt. v. 6.10.2015, Maximillian Schrems/Data Protection Commissioner, C-362/14, EU:C:2015:650.

[7] *Schröder* in *Kühling/Buchner,* DSGVO/BDSG, Art. 45 DSGVO, Rdnr. 44.

[8] *Klug* in *Gola/Heckmann,* DSGVO – BDSG, Art. 45 Rdnr. 12.

unterstellt und somit kamen schnell Zweifel auf, ob sie tatsächlich gänzlich unabhängig agieren konnte. Auch die Tatsache, dass sie nicht über die Befähigung verfügte, für die US-Nachrichtendienste verbindliche Entscheidungen zu treffen wurde kritisiert.[9] Außerdem hatte das „Privacy Shield" lediglich unverbindlichen Rechtscharakter.[10] In der Folge wurde der Beschluss vom EuGH im sog. Schrems II-Urteil vom 16. Juli 2020 gekippt.[11]

In Reaktion auf das Urteil kündigten die EU-Kommission und das US-amerikanische Handelsministerium bereits im August 2020 an, ein erneutes Regelwerk aushandeln zu wollen.[12] Am 25. März 2022 wurde eine vorläufige Einigung angekündigt, das die Beanstandungen des EuGH adressieren sollte („Trans-Atlantic Data Privacy Framework").[13] Insbesondere sollte der Datenzugriff von US-Nachrichtendiensten beschränkt und ein zweistufiges Rechtsbehelfsverfahren eingeführt werden, das einen „Data Protection Review Court" umfassen sollte.[14] Am 7. Oktober 2022 unterzeichnete der amerikanische Präsident dann eine Durchführungsverordnung, aufgrund derer die im „Trans-Atlantic Data Privacy Framework" vereinbarten Neuerungen umgesetzt werden sollten.[15] Mit Wirkung vom 10.07.2023 hat die europäische Kommission schließlich den finalen Angemessenheitsbeschluss zum „EU-US Data Privacy Framework" erlassen.[16] Der Angemessenheitsbeschluss der Europäischen Kommission bewirkt, dass personenbezogene Daten aus der EU an Organisationen in den USA übermittelt werden dürfen, wenn diese nach dem

---

[9] *EuGH,* Urt. v. 6.10.2015, C-362/14, Rdnr. 195 f.; *Pauly* in *Paal/Pauly,* DSGVO BDSG, Art. 45 Rdnr. 24c.

[10] *Towfigh/Ulrich* in *Sydow/Marsch,* DSGVO | BDSG, Art. 44 Rdnr. 17.

[11] *EuGH,* Urt. v. 16.7.2020, Facebook Ireland u. Schrems, C-311/18, EU:C:2020:559.

[12] *European Commission, Joint Press Statement by European Commissioner for Justice Didier Reynders and U.S. Secretary of Commerce Wilbur Ross*, über: https://ec.europa.eu/info/news/joint-press-statement-european-commissioner-justice-didier-reynders-and-us-secretary-commerce-wilbur-ross-7-august-2020-2020-aug-07_en.

[13] *European Commission/United States,* Joint Statement on Trans-Atlantic Data Privacy Framework, über; https://ec.europa.eu/commission/presscorner/detail/en/IP_22_2087.

[14] *European Commission,* Trans-Atlantic Data Privacy Framework, über: https://ec.europa.eu/commission/presscorner/detail/de/FS_22_2100.

[15] *The White House,* FACT SHEET: President Biden Signs Executive Order to Implement the European Union-U.S. Data Privacy Framework, über: https://bidenwhitehouse.archives.gov/briefing-room/statements-releases/2022/10/07/fact-sheet-president-biden-signs-executive-order-to-implement-the-european-union-u-s-data-privacy-framework/.

[16] BfDI, Angemessenheitsbeschluss zum EU-U.S. Data Privacy Framework in Kraft getreten, über https://www.bfdi.bund.de/SharedDocs/Kurzmeldungen/DE/2023/17_Angemessenheitsbeschluss-EU-US-DPF.html.

EU-U.S. Data Privacy Framework – das eine Selbstzertifizierung der Organisationen sowie eine Erklärung gegenüber dem US-Handelsministeriums vorsieht – zertifiziert sind.

7.2 Geeignete Garantien

Sofern kein Angemessenheitsbeschluss vorliegt, erlaubt Art. 46 DSGVO eine Datenübermittlung an eine Organisation in einem Drittstaat, wenn der Verantwortliche oder Auftragsverarbeiter sog. geeignete Garantien vorgesehen hat und der betroffenen Person durchsetzbare Rechte und wirksame Rechtsbehelfe zur Verfügung stehen.

Geeignete Garantien sind Maßnahmen, die der Verantwortliche oder der Auftragsverarbeiter zur Gewährleistung eines angemessenen Schutzniveaus für die Datenverarbeitung ergreift. Diese sollen Risiken für die betroffenen Personen abwenden, auch wenn im datenempfangenden Drittstaat grundsätzlich kein ausreichendes Schutzniveau besteht.[17] Aufgrund des Umstandes, dass es für die meisten Drittstaaten und internationalen Organisationen keinen Angemessenheitsbeschluss gibt, haben die geeigneten Garantien im Sinne von Art. 46 DSGVO somit eine große Bedeutung für die Praxis.[18]

In Art. 46 Abs. 2 und 3 DSGVO wird ein nicht abschließender Katalog geeigneter Garantien angeführt, zu denen u. a. die Standarddatenschutzklauseln und verbindliche interne Datenschutzvorschriften zählen.

7.2.1 Standarddatenschutzklauseln

Die **Standarddatenschutzklauseln** der Kommission stellen dabei eine der praxisrelevantesten Garantien dar. Ziel der Klauseln ist es den Empfänger der Daten, den sog. Datenimporteur, welcher selbst nicht der DSGVO unterliegt, vertraglich an die Einhaltung hinreichender Datenschutzstandards zu binden. Es gibt Klauseln für die Übermittlung an Verantwortliche und Klauseln für die Übermittlung an Auftragsverarbeiter. Der modulare Aufbau der Klauseln ermöglicht es Verantwortlichen und Auftragsverarbeitern dabei, ein auf ihr jeweiliges Datenübermittlungsszenario bestimmtes Modul auszuwählen.[19] Werden die von der Kommission

[17] *Pauly* in *Paal/Pauly,* DSGVO BDSG, Art. 46 Rdnr. 1.

[18] *Lange/Filip* in *Wolff/Brink,* BeckOK Datenschutzrecht, Art. 46 Rdnr. 2.

[19] *Klug* in *Gola/Heckmann,* DSGVO – BDSG, Art. 46 Rdnr. 8.

vorgegebenen Klauseln unverändert vereinbart, so bedarf es keiner aufsichtsbehördlichen Genehmigung der Klauseln, um eine Datenübermittlung an Drittstaaten umzusetzen.

7.2.2 Verbindliche interne Datenschutzvorschriften zur Regelung des Konzerndatenflusses

Auch die Datenübermittlung innerhalb eines Konzerns kann eine Datenübermittlung an einen Drittstaat darstellen, sofern sich Teile des Konzerns im Ausland befinden. In solchen Fällen ist insbesondere Art. 47 DSGVO anzuwenden.

Art. 47 DSGVO ermöglicht es Unternehmensgruppen, also gem. Art. 4 Nr. 19 DSGVO Gruppen aus jeweils einem herrschenden Unternehmen und den von diesem abhängigen Unternehmen, übergreifende und einheitliche Regeln für die Verarbeitung personenbezogener Daten zu erlassen (sogenannte Binding Corporate Rules). Dies ist oftmals praktischer als die Vereinbarung von einzelnen Datenübermittlungsverträgen mit den jeweiligen Tochterunternehmen im Ausland.[20] Mit Blick auf die Häufigkeit und Vielfalt der Arbeitsteilung und Zusammenarbeit im Wirtschaftsleben kann dies eine nicht zu unterschätzende Erleichterung darstellen.[21]

Die internen Datenschutzvorschriften müssen für alle Mitglieder der Unternehmensgruppe bindend sein und auch von diesen durchgesetzt werden sowie den betroffenen Personen ausdrücklich durchsetzbare Rechte in Bezug auf die Verarbeitung ihrer personenbezogenen Daten übertragen.[22] Außerdem müssen die Vorschriften mindestens die in Art. 47 Abs. 2 DSGVO genannten Angaben enthalten, die insbesondere Transparenz hinsichtlich der Datenübermittlung und -verarbeitung betreffen. So sind z. B. die Struktur und Kontaktdaten aller Mitglieder der Unternehmensgruppe, die betreffenden Datenübermittlungen, die Art und der Zweck der Datenverarbeitung und die Beschwerdeverfahren anzugeben.

Es ist erforderlich, diese verbindlichen Datenschutzvorschriften, die innerhalb der Unternehmensgruppe gelten sollen, durch die zuständige Datenschutzaufsichtsbehörde genehmigen zu lassen.[23] Bei einer solchen Genehmigung wendet die Aufsichtsbehörde das sog. Kohärenzverfahren nach Art. 63 DSGVO an und arbeitet zwecks der einheitlichen Anwendung der DSGVO mit anderen Aufsichts-

[20] *Lange/Filip* in *Wolff/Brink,* BeckOK Datenschutzrecht, Art. 47 Rdnr. 6 f..

[21] *Gabel* in *Taeger/Gabel,* DSGVO-BDSG-TTDSG, Art. 47 Rdnr. 1.

[22] Art. 47 Abs. 1 lit. a, b DSGVO.

[23] Art. 47 Abs. 1 DSGVO.

behörden zusammen. Genehmigte, verbindliche interne Datenschutzvorschriften gelten dann als geeignete Garantie gem. Art. 46 Abs. 2 lit. c DSGVO.

7.2.3 Transfer Impact Assessment

Im „Schrems-II-Urteil“ hat der EuGH jedoch festgestellt, dass die Standarddatenschutzklauseln und die verbindlichen internen Datenschutzvorschriften allein nicht zwingend ausreichen, um ein gleichwertiges Datenschutzniveau zu garantieren.[24] Insofern besteht zusätzlich zur Nutzung eine der o.g. Garantien die Pflicht zur Durchführung eines sog. **„Transfer Impact Assessments“** (Transfer-Folgenabschätzung, auch kurz „TIA“ genannt). Dieses wird auf Grundlage vorbehaltlicher Garantien i. S. d. Art. 46 DSGVO durchgeführt und soll im Rahmen einer Prüfung der grundlegenden Rahmenbedingungen der Rechtsordnung des jeweiligen Ziellands einen angemessenen Schutz der übermittelten Daten beurteilen sowie ggf. validieren. Dazu erfolgt ein Abgleich des Schutzniveaus für personenbezogene Daten im betroffenen Drittstaat mit dem Recht der EU (DSGVO) sowie der Grundrechte-Charta (insb. Art. 7,8 GrCH).[25]

► **Wichtig** Grundsätzlich ist darüber hinaus zu prüfen, ob zusätzlich zu den o.g. Garantien und dem TIA weitere Maßnahmen umgesetzt werden müssen, um die Datenübermittlung datenschutzkonform zu gestalten. I. d. R. wird es nötig sein, sich von dem Datenempfänger im Drittstaat eine zusätzliche Aufstellung umgesetzter (Verschlüsselungs-)Maßnahmen vorzeigen zu lassen, mit denen u. a. das Zugriffsrisiko durch staatliche Stellen in Drittstaaten weiter minimiert wird

7.3 Ausnahmen

Für den Fall, dass weder ein Angemessenheitsbeschluss noch geeignete Garantien für die Datenverarbeitung vorliegen, regelt Art. 49 DSGVO bestimmte Fälle, in denen eine Datenübermittlung an eine Organisation in einem Drittstaat dennoch möglich ist.

[24] *Lange/Flip* in *Wolff/Brink*, BeckOK Datenschutzrecht, Art. 46 Rdnr. 2c.

[25] *Eisenmenger*, ZD 2023, 204 (205.)

Dafür muss einer der in Art. 49 Abs. 1 Uabs. 1 DSGVO beschriebenen Bedingungen erfüllt sein. Diese übertragen die Entscheidung über die Übermittlung entweder auf die betroffene Person selbst, z. B. mit der Möglichkeit, eine ausdrückliche Einwilligung in die Verarbeitung im Drittstaat zu erteilen, oder stellen sehr hohe Anforderungen an den mit der Datenübermittlung verfolgten Zweck, z. B. das Vorliegen von wichtigen Gründen des öffentlichen Interesses, die Geltendmachung, Ausübung oder Verteidigung von Rechtsansprüchen oder der Schutz lebenswichtiger Interessen der betroffenen Person.

Falls eine Übermittlung nicht auf eine der zuvor dargestellten Vorschriften gestützt werden kann, erlaubt Art. 49 Abs. 1 Uabs. 2 DSGVO im Einzelfall eine Datenübermittlung, wenn sie nur eine begrenzte Zahl von Personen betrifft, für die Wahrung der zwingenden berechtigten Interessen des Verantwortlichen erforderlich ist und die Interessen oder die Rechte und Freiheiten der betroffenen Person nicht überwiegen. Für eine solche Datenübermittlung sind erhöhte Sicherheitsvorkehrungen vorgeschrieben. So hat der Verantwortliche alle Umstände der Datenübermittlung zu beurteilen und ist verpflichtet auf dieser Grundlage geeignete Garantien in Bezug auf den Schutz personenbezogener Daten vorzusehen. Der Verantwortliche hat außerdem die Aufsichtsbehörde von der Übermittlung in Kenntnis zu setzen und die betroffene Person über die Übermittlung und seine zwingenden berechtigten Interessen zu informieren.

Technischer und organisatorischer Datenschutz

8

Das vorliegende Kapitel stellt die weiteren Regelungen der DSGVO vor, die sich mit dem technisch-organisatorischen Datenschutz befassen.[1]

8.1 Verantwortung des für die Verarbeitung Verantwortlichen

Zunächst stellt Art. 24 DSGVO eine Überblicksnorm dar und nennt den Verantwortlichen als Hauptadressaten der in der DSGVO normierten Pflichten und beschreibt dessen Rolle und datenschutzrechtliche Verantwortlichkeit bei der Verarbeitung personenbezogener Daten. Art. 24 DSGVO wird u. a. durch die Art. 25, 32–35 DSGVO konkretisiert.[2]

Gem. Art. 24 Abs. 1 S. 1 DSGVO hat der Verantwortliche unter Berücksichtigung der Art, des Umfangs, der Umstände und der Zwecke der Verarbeitung sowie der unterschiedlichen Eintrittswahrscheinlichkeit und Schwere der Risiken für die Rechte und Freiheiten natürlicher Personen geeignete technische und organisatorische Maßnahmen umzusetzen, um sicherzustellen und den Nachweis dafür erbringen zu können, dass die Verarbeitung gem. den Vorgaben der DSGVO erfolgt. Die DSGVO verfolgt einen risikobasierten Ansatz, der darauf abzielt, Datenschutz-

[1] Für das gesamte Kapitel: *Selzer,* die technisch-organisatorische Implementierung von Datenschutz in Organisationen unter besonderer Berücksichtigung der wirtschaftlichen Angemessenheit, S. 30–71 sowie *Selzer* in *Selzer,* Studienkommentar, Gesamtkommentierung Art. 24, 25, 32 DSGVO.

[2] *Bertermann* in *Ehmann/Selmayr,* DS-GVO, Art. 24 Rdnr. 2.

A. Selzer et al., *Datenschutzrecht kompakt*, Rechtsrahmen der Cybersicherheit und Privatheit,
https://doi.org/10.1007/978-3-658-51742-7_8

maßnahmen entsprechend der Identifizierung und Bewertung von Risiken für die Rechte und Freiheiten von Personen zu priorisieren und zu gestalten. Dabei ist eine neutrale Bewertung sowohl der spezifischen Datenverarbeitung als auch der potenziellen negativen Auswirkungen und deren Eintrittswahrscheinlichkeiten notwendig.

Ziel der vom Verantwortlichen zu ergreifenden technischen und organisatorischen Schutzmaßnahmen ist, dass die Verarbeitung gem. den Vorgaben der DSGVO erfolgt. Die Schutzmaßnahmen sollen alle Handlungen erfassen, die in geeigneter Weise zur Datenschutzkonformität während sämtlicher Verarbeitungsschritte in sämtlichen vom Verantwortlichen betriebenen Verfahren beitragen können. Der Verantwortliche hat insofern durch die von ihm zu treffenden Schutzmaßnahmen sicherzustellen, dass er bei der Verarbeitung personenbezogener Daten rechtmäßig handelt.[3] Hierbei wird regelmäßig ein besonderer Fokus auf der Umsetzung der Datenschutz-Grundsätze, der Sicherheit der Verarbeitung sowie der Rechte der betroffenen Personen liegen. Welche Schutzmaßnahmen der Verantwortliche im Einzelnen (risikoabhängig) zu treffen hat, lässt die DSGVO offen.[4]

Neben der Umsetzung der Schutzmaßnahmen ist der Verantwortliche auch dazu verpflichtet, den Nachweis dafür erbringen zu können, dass die Verarbeitung den Anforderungen der DSGVO genügt. Ebenfalls muss er regelmäßig überprüfen, ob die von ihm umgesetzten Schutzmaßnahmen noch geeignet und angemessen sind, um den initial identifizierten Risiken zu begegnen. Sofern dies in einem angemessenen Verhältnis zu den Verarbeitungstätigkeiten des Verantwortlichen steht, hat der Verantwortliche auch Datenschutzrichtlinien, z. B. formale Beschreibungen von datenschutzrelevanten Arbeitsabläufen, umzusetzen.[5]

8.2 Privacy by Design und Privacy by Default

Art. 25 DSGVO normiert mit dem Datenschutz durch Technikgestaltung („Privacy by Design") und durch datenschutzfreundliche Voreinstellungen („Privacy by Default") zwei neue Instrumente des Europäischen Datenschutzrechts.

---

[3] *Schmidt/Brink* in *Wolff/Brink*, BeckOK Datenschutzrecht, Art. 24 Rdnr. 12.

[4] Aus deutscher Sicht ergeben sich entsprechende Empfehlungen insbesondere aus dem Standard-Datenschutz-Modell der Datenschutzkonferenz. Die Datenschutzkonferenz ist ein Zusammenschluss aus den unabhängigen Datenschutzbehörden des Bundes und der Länder, die die Aufgabe hat, die Datenschutzgrundrechte zu schützen und ihre einheitliche Anwendung zu erreichen. Sie beschäftigt sich mit aktuellen Fragestellungen des Datenschutzes und nimmt u. a. in Form von Entschließungen, Beschlüssen und Orientierungshilfen Stellung.

[5] *Bertermann* in *Ehmann/Selmayr*, DS-GVO, Art. 24 Rdnr. 16; *Hartung* in *Kühling/Buchner*, DSGVO/BDSG, Art. 24 Rdnr. 21.

Ziel der Pflicht zum **Datenschutz durch Technikgestaltung** gem. Art. 25 Abs. 1 DSGVO ist die Einhaltung der Datenschutz-Grundsätze aus Art. 5 DSGVO zum Zeitpunkt der Festlegung der Mittel für die Verarbeitung und zum Zeitpunkt der eigentlichen Verarbeitung selbst durch das Treffen geeigneter und angemessener technischer und organisatorischer Schutzmaßnahmen sowie interner Strategien. Durch den Umstand, dass die Anforderungen des Abs. 1 auch zum Zeitpunkt der eigentlichen Verarbeitung zu erfüllen sind, wird deutlich, dass die Umsetzung des Prinzips des Datenschutzes durch Technikgestaltung eines iterativen Prozesses bedarf. Es handelt sich somit nicht um eine Anforderung, die einmalig zu erfüllen ist, sondern sie muss über den gesamten Verarbeitungszyklus Berücksichtigung finden.[6] Die genannte Pflicht trifft den Verantwortlichen unter Berücksichtigung des Stands der Technik, der Implementierungskosten und der Art, des Umfangs, der Umstände und der Zwecke der Verarbeitung sowie der unterschiedlichen Eintrittswahrscheinlichkeit und Schwere der mit der Verarbeitung verbundenen Risiken für die Rechte und Freiheiten natürlicher Personen.

Art. 25 Abs. 2 DSGVO verpflichtet den Verantwortlichen zum Treffen geeigneter technischer und organisatorischer Maßnahmen, die sicherstellen, dass durch **Voreinstellung** nur solche personenbezogenen Daten verarbeitet werden, deren Verarbeitung für den jeweiligen bestimmten Verarbeitungszweck erforderlich ist. Diese Verpflichtung trifft den Verantwortlichen in Bezug auf

- die Menge der erhobenen personenbezogenen Daten,
- den Umfang ihrer Verarbeitung,
- ihre Speicherfrist und
- ihre Zugänglichkeit.[7]

Die vom Verantwortlichen getroffenen Schutzmaßnahmen müssen insbesondere sicherstellen, dass personenbezogene Daten durch Voreinstellungen nicht ohne Eingreifen der Person einer unbestimmten Zahl natürlicher Personen zugänglich gemacht werden. Die Anforderungen sollen dementsprechend sicherstellen, dass betroffenen Personen angebotene Produkte oder Dienste datenschutzfreundliche Werkseinstellungen vorweisen.

[6] *Nolte/Werkmeister* in *Gola/Heckmann,* DSGVO – BDSG, Art. 25 Rdnr. 14.

[7] Art. 25 Abs. 2 S. 2 DSGVO.

8.3 Technische und organisatorische Maßnahmen

Art. 32 DSGVO fordert von Verantwortlichen und Auftragsverarbeitern das Ergreifen von *Informationssicherheitsmaßnahmen,*[8] welche zur Sicherstellung des Grundsatzes der Integrität und der Vertraulichkeit nach Art. 5 Abs. 1 lit. f DSGVO[9] die Sicherheit während der Verarbeitung gewährleisten sollen.[10]

Datenschutz- und Informationssicherheitsmaßnahmen können technischer und organisatorischer Natur sein und somit Einfluss auf die tatsächliche Datenverarbeitung nehmen (technische Maßnahmen) oder die Umstände der Verarbeitung bestimmen (organisatorische Maßnahmen). Technische Maßnahmen sind z. B. Zugriffskontrollen und die Datenverschlüsselung. Organisatorische Maßnahmen sind u. a. Berechtigungskonzepte und Schulungsmaßnahmen.[11]

Der Verordnungsgeber verpflichtet den Verantwortlichen und **Auftragsverarbeiter** über Art. 32 DSGVO nicht zur Umsetzung konkreter Schutzmaßnahmen, was der Technikneutralität der DSGVO entspricht und dem Verantwortlichen und Auftragsverarbeiter einen großen Gestaltungsspielraum gewährt, der wiederum häufig zur Rechtsunsicherheit führt. Um dem Verantwortlichen und Auftragsverarbeiter daher zumindest eine Orientierung über mögliche Schutzmaßnahmen zu geben, enthält Art. 32 Abs. 1 Hs. 2 DSGVO einen kurzen Maßnahmenkatalog. Bei dem Maßnahmenkatalog handelt es sich um eine Auflistung möglicher Schutzmaßnahmen – mehr aber von -zielen –, deren Umsetzung immer vom konkreten Verarbeitungskontext abhängig sein wird und sich an der Frage der Angemessenheit messen lassen muss.[12] Konkret als Maßnahmen benannt werden lediglich die Verschlüsselung und Pseudonymisierung.

Ebenso wie die Pflicht des „Privacy by Design" besteht die Pflicht zur Umsetzung von Schutzmaßnahmen nach Art. 32 DSGVO unter Berücksichtigung des Stands der Technik, der Implementierungskosten und der Art, des Umfangs, der Umstände und der Zwecke der Verarbeitung sowie der unterschiedlichen Eintrittswahrscheinlichkeit und Schwere der mit der Verarbeitung verbundenen Risiken für die Rechte und Freiheiten natürlicher Personen.

---

[8] *Wolff* in *Schantz/Wolff,* Das neue Datenschutzrecht, Rdnr. 823, 845 ff.

[9] *Heberlein* in *Ehmann/Selmayr*DS-GVO, Art. 5 Rdnr. 28; *Kramer* in *Paschke/Berlit/Meyer/Kröner,* Hamburger Kommentar Gesamtes Medienrecht, 76. Abschnitt Rdnr. 46.

[10] *Jandt* in *Kühling/Buchner,* DSGVO/BDSG, Art. 32 Rdnr. 1..

[11] *Schmidt/Brink* in *Wolff/Brink,* BeckOK Datenschutzrecht, Art. 24 Rdnr. 14 f.; *Martini* in *Paal/Pauly,* DSGVO BDSG, Art. 24 Rdnr. 21 f.

[12] *Piltz* in *Gola,* DSGVO – BDSG, Art. 32 Rdnr. 23 f.; *Martini* in *Paal/Pauly,* DSGVO BDSG, Art. 32 Rdnr. 31.

8.4 Datenschutzverletzungen

Neben den oben genannten Vorschriften enthält die DSGVO außerdem Melde- und Benachrichtigungspflichten im Fall einer sog. Datenschutzverletzung.

Eine Datenschutzverletzung ist nach Art. 4 Nr. 12 DSGVO eine Verletzung der Sicherheit personenbezogener Daten, *die zur Vernichtung, zum Verlust, zur Veränderung, oder zur unbefugten Offenlegung von beziehungsweise zum unbefugten Zugang zu* den verarbeiteten personenbezogenen Daten führt.

Liegt eine Datenschutzverletzung vor und führt diese voraussichtlich zu einem Risiko für die Rechte und Freiheiten natürlicher Personen, ist diese gem. Art. 33 DSGVO binnen 72 h, nachdem sie bekannt wurde, an die zuständige Datenschutz-Aufsichtsbehörde zu melden. Führt die Datenschutzverletzung voraussichtlich zu einem hohen Risiko für die Rechte und Freiheiten natürlicher Personen, ist zusätzlich eine unverzügliche Benachrichtigung der betroffenen Personen erforderlich, Art. 34 DSGVO.

Folglich bedarf es im Falle einer Datenschutzverletzung einer Risikobewertung. Diese besteht, regelmäßig aus der Risikoidentifizierung, der Abschätzung von Eintrittswahrscheinlichkeit und Schwere möglicher Schäden und der Zuordnung zu den Risikoabstufungen *geringes Risiko, Risiko* oder *hohes Risiko.* Je nach Ergebnis dieser Risikobewertung sind die o. g. Melde- und Benachrichtigungspflichten fristgemäß sowie mit den Mindestangaben aus Art. 33 Abs. 3 bzw. Art. 34 Abs. 2 DSGVO zu erfüllen.

8.5 Datenschutz-Folgenabschätzung

Art. 35 Abs. 1 DSGVO normiert, dass der Verantwortliche im Falle eines voraussichtlich hohen Risikos für die Rechte und Freiheiten natürlicher Personen **vor Verarbeitungsbeginn** eine Datenschutz-Folgenabschätzung durchzuführen hat. Mittels einer Datenschutz-Folgenabschätzung werden Risiken für betroffene Personen systematisch analysiert, bewertet und durch geeignete Gegenmaßnahmen begrenzt.[13]

Hinsichtlich der Ermittlung der Erforderlichkeit einer Datenschutz-Folgenabschätzung handelt es sich bei der Risikobewertung um eine sog. Schwellwertanalyse.[14] Im Rahmen dieser sind nach Art. 35 Abs. 1 DSGVO insb. Art,

[13] *Syckor/Strufe/Lauber-Rönsberg,* ZD 2019, 390 (390).

[14] *Baumgartner* in *Ehmann/Selmayr,* DS-GVO, Art. 35 Rdnr. 22; *Hansen* in *Wolff/Brink,* BeckOK Datenschutzrecht, Art. 35 Rdnr. 12.

Umfang, Umstände und Zwecke der Verarbeitung zu berücksichtigen. Weiterhin sind im Rahmen einer Schwellwertanalyse neun Kriterien zu berücksichtigen, darunter u. a., ob im Rahmen der Verarbeitung persönliche Aspekte bewertet oder eingestuft oder Profile bzw. Prognosen erstellt werden, ob die Verarbeitung in einer systematischen Beobachtung, Überwachung oder Kontrolle der betroffenen Personen besteht, ob sie vertrauliche oder höchst persönliche Daten (darunter solche besonderer Kategorien nach Art. 9 Abs. 1 DSGVO, Daten über strafrechtliche Verurteilungen und Straftaten nach Art. 10 DSGVO und sonstige vertrauliche Daten (z. B. Finanzdaten, Standortdaten sowie Informationen über Aktivitäten oder Schlafverhalten)[15]) erfasst und ob die Verarbeitung besonders schutzbedürftige Personen (z. B. Kinder, Beschäftigte, psychisch Kranke oder Senioren) betrifft.[16]

Ein voraussichtlich hohes Risiko ist regelmäßig dann zu bejahen, wenn mindestens zwei der neun Kriterien erfüllt sind. Im Einzelfall kann ein hohes Risiko in einem solchen Fall jedoch auch verneint werden. Ebenso kann ein hohes Risiko bejaht werden, wenn nur eines der Kriterien erfüllt ist.[17]

Zunächst ist jedoch zu überprüfen, ob die geplante Verarbeitung unter einen Tatbestand des Art. 35 Abs. 3 DSGVO fällt oder ob sie in der durch die i. S. d. Art. 55 DSGVO zuständige Datenschutz-Aufsichtsbehörde nach Art. 35 Abs. 4 DSGVO veröffentlichten Liste enthalten ist[18] – denn in beiden Fällen ist eine Datenschutz-Folgenabschätzung (ohnehin) verpflichtend durchzuführen.

Die Durchführung der Datenschutz-Folgenabschätzung besteht sodann aus vier Phasen: der Vorbereitungs-, Bewertungs-, Maßnahmen- und Berichtsphase.[19] Die ersten drei Phasen ergeben sich unmittelbar aus den in Art. 35 Abs. 7 DSGVO normierten Mindestanforderungen an eine Datenschutz-Folgenabschätzung. Demnach ist im Rahmen der Vorbereitungsphase eine systematische Beschreibung der Verarbeitungsvorgänge und -zwecke (lit. a) erforderlich. Anschließend sind im Rahmen der Bewertungsphase die Risiken für die Rechte und Freiheiten der betroffenen Personen sowie die Notwendigkeit und Verhältnismäßigkeit der Verarbeitung zu bewerten (lit. b, c). In der Maßnahmenphase sind sodann Abhilfemaßnahmen

[15] *Baumgartner* in *Ehmann/Selmayr*, DS-GVO, Art. 35 Rdnr. 28.

[16] *Art. 29 Datenschutzgruppe,* WP 248 Rev. 01, S. 10 ff.

[17] *Art. 29 Datenschutzgruppe,* WP 248 Rev. 01, S. 13 f.

[18] z. B. *DSK,* Liste der Verarbeitungstätigkeiten, für die eine Datenschutz-Folgenabschätzung durchzuführen ist, https://www.lda.bayern.de/media/dsfa_muss_liste_dsk_de.pdf.

[19] *Conrad* in *Auer-Reinsdorff,* Handbuch IT- und Datenschutzrecht, § 34 Rdnr. 540; *Hansen,* DuD 2016, 587 (589 f.); *Martini* in *Paal/Pauly,* DSGVO BDSG, Art. 35, Rdnr. 45 ff.

zur Risikobewältigung zu planen (lit. d). Die Ergebnisdokumentation der Datenschutz-Folgenabschätzung erfolgt schließlich in der Berichtsphase.[20]

Soweit die Bewertungsphase zu dem Ergebnis kommt, dass die geplante Datenverarbeitung, ohne zusätzliche Maßnahmen zur Risikominimierung, ein hohes Risiko aufweist, ist nach Art. 36 DSGVO die zuständige Datenschutz-Aufsichtsbehörde – mit den Mindestangaben aus Art. 36 Abs. 3 DSGVO – zu konsultieren, bevor die Datenverarbeitung (je nach Ausgang der Konsultation ggf.) aufgenommen werden kann.

[20] Soweit die Berichtsphase keine eigenständige Phase darstellt, ist die Ergebnisdokumentation Teil der ersten drei Phasen, so bspw. *Laue* in *Spindler/Schuster*, Recht der elektronischen Medien, Art. 35 Rdnr. 21 ff.

9 Datenschutzdokumentation und -management

Die Dokumentation ist im Rahmen des Datenschutzes von großer Bedeutung. Der Verantwortliche muss gem. Art. 5 Abs. 1 DSGVO die Einhaltung der Datenschutzgrundsätze nachweisen können.[1] Dieser Grundsatz der **Rechenschaftspflicht** ist dann nochmals in Art. 24 Abs. 1 DSGVO konkretisiert.[2] Danach ist der Verantwortliche verpflichtet, den Nachweis dafür erbringen zu können, dass die Verarbeitung im **Einklang mit der DSGVO** erfolgt.

9.1 Erfordernis eines Datenschutz-Managementsystems (DSMS)

Gem. Art. 5 Abs. 2 und Art. 24 Abs. 1 DSGVO trägt der Verantwortliche die **Beweislast** für die Rechtmäßigkeit der Verarbeitung. Die Dokumentationspflichten der DSGVO dienen somit in erster Linie dem Nachweis gegenüber den Aufsichtsbehörden. Wie genau diese Nachweispflicht zu erbringen ist, wird in der DSGVO nicht festgelegt. In der Regel wird hierfür jedoch – mit Blick auf die in Art. 24 DSGVO genannten Pflichten – ein DSMS erforderlich sein.[3]

Unter einem DSMS versteht man alle Tätigkeiten, Maßnahmen, Verfahren und Prozesse eines Verantwortlichen, **die die Einhaltung der Datenschutzvor-**

[1] Mehr zu den Datenschutzgrundsätzen in Kap. 4.

[2] *Schantz* in *Wolff/Brink*, BeckOK Datenschutzrecht, Art. 5 Rdnr.38.

[3] *Nink* in *Spindler/Schuster*, Recht der elektronischen Medien, DSGVO, Art. 24 Rdnr. 11; *Jung*, ZD 2018, 208 (208).

A. Selzer et al., *Datenschutzrecht kompakt*, Rechtsrahmen der Cybersicherheit und Privatheit,
https://doi.org/10.1007/978-3-658-51742-7_9

schriften sicherstellen sollen.[4] Ein DSMS ersetzt keinesfalls den Datenschutzbeauftragten (DSB)[5] und die Benennung eines DSB befreit nicht von der Verpflichtung zu einem DSMS, vielmehr unterstützen und ergänzen sich beide.[6]

Der Verantwortliche ist verpflichtet den Datenschutz so zu gestalten, dass die Umsetzung *jederzeit* nachgewiesen werden kann. Dabei sollte sich am Grundsatz der **kontinuierlichen Verbesserung** orientiert werden. Der **PDCA-Zyklus** (Plan-Do-Check-Act) – der beispielsweise auch die Grundlage von Qualitätsmanagement-Systemen bildet – kann eingesetzt werden, um Managementprozesse zu strukturieren.[7] In den ersten beiden Phasen des PDCA-Zyklus geht es um die Planung bzw. Konzeption und die Umsetzung der Datenschutzprozesse, während die anderen beiden Phasen die regelmäßige Überprüfung und ggf. Verbesserung beinhalten. So können fortwährend Risiken identifiziert, bewertet und Gegenmaßnahmen zur Minimierung dieser Risiken getroffen werden.[8]

Grundsätzlich bietet es sich an, diese Prozesse mit einem sog. Information Security Management System (ISMS)[9] zu verbinden, insbesondere wenn dort die gleichen Methodiken angewandt werden.[10]

9.2 Das Verzeichnis von Verarbeitungstätigkeiten

Ein zentrales Instrument für die Dokumentation und für die Erfüllung der Rechenschaftspflicht ist das **Verzeichnis von Verarbeitungstätigkeiten** nach Art. 30 DSGVO. Es dient der Transparenz über die Verarbeitung personenbezogener Daten und der rechtlichen Absicherung. Außerdem unterstützt es sowohl den DSB als auch die Aufsichtsbehörden bei der Erfüllung ihrer Aufgaben. Das Verzeichnis von Verarbeitungstätigkeiten bildet somit in gewisser Weise das Herzstück jedes Datenschutzkonzepts.[11]

[4] *Nink* in *Spindler/Schuster,* Recht der elektronischen Medien, DSGVO, Art. 24 Rdnr. 12.

[5] Mehr zu den Datenschutzbeauftragten in Kap. 10.

[6] *Jung,* ZD 2018, 208 (210).

[7] *von dem Bussche/Voigt,* Konzerndatenschutz, Teil 2. Kap. 2. Datenschutzmanagementsystem im Konzern Rdnr. 21

[8] *Haag* in *Forgó/Helfrich/Schneider,* Betrieblicher Datenschutz, Teil II. Kap. 2, Rdnr. 48; *Jung,* CCZ 2018, 224, (225).

[9] Mehr zum „ISMS" beispielsweise bei *Fleischhauer/Stiemerling* in *Remmertz/Kast,* Digital Escrow, Teil A Kap. 4 Rdnr. 58–60.

[10] *Haag* in *Forgó/Helfrich/Schneider,* Betrieblicher Datenschutz, Teil II. Kap. 2, Rdnr. 49.

[11] *LfD Niedersachsen,* Abschlussbericht 2019, S. 11. (https://lfd.niedersachsen.de/download/149301)

9.2.1 Die Pflicht zur Führung eines Verzeichnisses von Verarbeitungstätigkeiten

Grundsätzlich ist die Führung eines Verzeichnisses von Verarbeitungstätigkeiten (auch „VVT") für jeden Verantwortlichen und Auftragsverarbeiter verpflichtend. Art. 30 Abs. 5 DSGVO beinhaltet jedoch eine Rückausnahme. So müssen Organisationen mit weniger als 250 Mitarbeitern kein VVT führen, es sei denn, eine der folgenden Verarbeitungstätigkeiten wird durchgeführt:

- Verarbeitungstätigkeiten, die ein Risiko für die Rechte und Freiheiten der betroffenen Personen bergen,
- Verarbeitungstätigkeiten, die nicht nur gelegentlich erfolgen oder
- Verarbeitungstätigkeiten die besondere Datenkategorien i. S. d. Art. 9 Abs. 1 DSGVO oder Daten über strafrechtliche Verurteilungen und Straftaten gem. Art. 10 DSGVO betreffen.

In der Praxis werden jedoch Verarbeitungstätigkeiten insbesondere im Unternehmen nicht nur *gelegentlich* erfolgen, sodass eine Ausnahme gem. Art. 30 Abs. 5 DSGVO in der Praxis nur selten in Betracht kommt.[12]

9.2.2 Inhalte und Form des Verzeichnisses von Verarbeitungstätigkeiten

In Art. 30 Abs. 1 und Abs. 2 DSGVO werden die **Mindestinhalte** des VVT konkretisiert. Diese umfassen die Namen und Kontaktdaten des Verantwortlichen bzw. des Auftragsverarbeiters, die Zwecke der Verarbeitung und die Kategorien der betroffenen Personen sowie der Empfänger, ggf. Übermittlungen von personenbezogenen Daten an einen Drittstaat oder eine internationale Organisation, die vorhergesehenen Fristen für die Löschung unterschiedlicher Datenkategorien und eine allgemeine Beschreibung der technischen und organisatorischen Maßnahmen, wobei sich die Anforderungen an das VVT des Verantwortlichen und des Auftragsverarbeiters leicht unterscheiden.

Sowohl bei der Einführung als auch bei Änderungen von Verarbeitungstätigkeiten müssen diese im VVT ergänzt bzw. angepasst werden.

---

[12] *Schröder,* Datenschutzrecht für die Praxis, S. 44.

Grundsätzlich gilt ein **Schriftformerfordernis.** Da in Bezug auf das VVT gem. Art. 30 Abs. 4 DSGVO eine Vorlagepflicht gegenüber der Aufsichtsbehörde besteht, empfiehlt es sich das VVT in einem elektronischen Format zu führen. Das elektronische Format genügt dem Schriftformerfordernis.[13] Zu berücksichtigen ist dabei jedoch, dass eine Exportierung in einem Standardformat möglich sein sollte. Sofern die Aufsichtsbehörde in Deutschland sitzt, empfiehlt es sich das VVT in deutscher oder englischer Sprache zu führen. Letzteres ist insbesondere dann sinnvoll, wenn es sich bei dem Unternehmen um ein internationales handelt.[14]

Im Rahmen von Auftragsverarbeitungen bleibt der Verantwortliche auch für die ausgelagerten Verarbeitungen verantwortlich. Auch diese Verarbeitung müssen daher in das VVT des Verantwortlichen mitaufgenommen werden, ungeachtet von der Pflicht des Auftragsverarbeiters ebenfalls ein VVT zu führen.[15]

9.3 Weitere Dokumentationspflichten und nachzuweisende Prozesse

Zur Erfüllung der Rechenschaftspflichten ist es ratsam, möglichst alle Maßnahmen und Prozesse im Zusammenhang mit der Verarbeitung personenbezogener Daten angemessen zu dokumentieren. Dazu gehören u. a. die Rechtmäßigkeit der Verarbeitung, die Datenschutz-Folgenabschätzung sowie das Löschkonzept. Im Folgenden wird auf einige solcher Maßnahmen und Prozesse sowie deren Nachweis eingegangen.

9.3.1 Rechtmäßigkeit der Verarbeitung

Um die Rechtmäßigkeit der Datenverarbeitung angemessen zu dokumentieren, ist es ratsam, die entsprechenden Rechtsgrundlagen für die Verarbeitung personenbezogener Daten in das VVT aufzunehmen. Neben der Dokumentation der Rechtsgrundlagen im VVT sind je nach Rechtsgrundlage weitere Dokumentationspflichten zu erfüllen.

So muss z. B. die Einwilligung gem. Art. 7 Abs. 1 DSGVO nachgewiesen werden. Insbesondere muss der Nachweis über die Freiwilligkeit, Bestimmtheit,

[13] Art. 30 Abs. 3 DSGVO.

[14] *Spoerr* in *Wolff/Brink,* BeckOK Datenschutzrecht, Art. 30 Rdnr 12.

[15] *Hartung* in *Kühling/Buchner*, DSGVO/BDSG, Art. 30 Rdnr. 20

Zweckbindung, Informiertheit und ggf. Ausdrücklichkeit enthalten.[16] Insofern umfasst die Nachweispflicht nicht nur das Vorliegen einer Einwilligung je betroffener Person, sondern auch den Inhalt der Einwilligung, z. B. durch die Ablage der papiergebundenen, unterschriebenen Einwilligungserklärungen.

Die Nachweispflicht betrifft alle Rechtsgrundlagen und nicht nur die Einwilligung. So muss bspw. auch eine Interessenabwägung gem. Art. 6 Abs. 1 lit. f DSGVO dokumentiert werden.

9.3.2 Datenschutz-Folgenabschätzung

Verarbeitungsvorgänge, die voraussichtlich mit einem hohen Risiko für die Rechte und Freiheiten betroffener Personen verbunden sind, setzen die Durchführung einer Datenschutz-Folgenabschätzung voraus.[17] Um Risiken zu erkennen und zu bewerten, bedarf es einer Risiko- und Schwellwertanalyse. Die Durchführung dieser Analyse bietet sich im Rahmen der Erfassung der Verarbeitungstätigkeit an, sodass auch die Dokumentation der Risikoanalyse und der Datenschutz-Folgenabschätzung dem VVT hinzugefügt werden können. Auch die Annahme der Nichterforderlichkeit einer Datenschutz-Folgenabschätzung ist auf nachvollziehbare Weise zu begründen und zu dokumentieren.[18]

Eine Dokumentation der Umsetzung der Datenschutz-Folgenabschätzung selbst orientiert sich inhaltlich i. d. R. an ihren vier Phasen (s. Abschn.8.5).

9.3.3 Löschkonzept

Die DSGVO enthält zwar keine konkreten Löschfristen, aus den Grundsätzen der Erforderlichkeit, Speicherbegrenzung und Datenminimierung ergibt sich jedoch, dass Löschfristen festgelegt werden müssen. Die Dauer der Verarbeitung und Aufbewahrung ist somit zu dokumentieren. Dabei reicht es nicht aus, pauschal auf die Einhaltung gesetzlicher Regelfristen hinzuweisen. Die Löschfristen sind vielmehr konkret für die verschiedenen Datenkategorien festzulegen. Darüber hinaus muss dokumentiert werden, wie der Löschprozess personenbezogener Daten tatsächlich umgesetzt wird.

---

[16] Frenzel in Paal/Pauly, DSGVO BDSG, Art. 7 Rdnr. 8.

[17] Mehr zur Datenschutz-Folgeabschätzung in Abschn. 8.5.

[18] *Schwendemann* in *Sydow/Marsch,* DSGVO | BDSG, Art. 35 Rdnr. 37.

9.3.4 Datenschutzvorfälle

Kommt es zu einer Datenschutzverletzung, ist zügiges Handeln gefordert. Um dies zu ermöglichen, ist schon vor Beginn einer Datenverarbeitung zu regeln, wie im Falle eines solchen Vorfalls zu handeln ist. ErwGr. 87 DSGVO sieht vor, dass geeignete technische und organisatorische Schutzmaßnahmen getroffen werden müssen, um feststellen zu können, ob Datenschutzverletzungen vorgefallen sind und um dies der Aufsichtsbehörde und/oder betroffenen Personen mitzuteilen. Ein solcher „Krisenreaktionsplan" sollte folgendes enthalten:

- **Interne Richtlinien,** die insb. eine Definition einer Datenschutzverletzung enthalten und Verantwortliche für die Meldung von Datenpannen festlegen,
- ein **Security Incident Response System,** welches die IT-Systeme überwacht und sicherheitsrelevante Zugriffe kontrolliert, Art und Umfang der Panne identifiziert und Sicherheitsrisiken beseitigt,
- die **Festlegung von Kommunikationswegen** innerhalb der Organisation, extern mit Auftraggebern und anderen beteiligten Akteuren und insbesondere die Bestimmung der federführenden Aufsichtsbehörde und
- die Dokumentation des Umgangs mit einer Datenschutzverletzung einschließlich des Zeitpunkts der Feststellung, der Art der Verletzung, der Durchführung der Risikobewertung, der ergriffenen Maßnahmen und der **Kontaktaufnahme zu Aufsichtsbehörden und ggf. Strafverfolgungsbehörden.**[19]

9.3.5 Die Gewährleistung von Betroffenenrechten

Um die Betroffenenrechte der DSGVO[20] erfüllen zu können, sollte der Umgang mit Anfragen etc. ebenfalls in das DSMS integriert werden. Die Vorgehensweise bei Anfragen durch betroffene Personen sollte im Rahmen einer Richtlinie zur Umsetzung der Betroffenenrechte geregelt sein, in der geklärt wird, wer zuständig für die Prüfung der Anfragen ist, innerhalb welcher Frist eine Antwort zu erteilen ist und in welcher Form das zu dokumentieren ist.

[19] *Reif* in *Gola/Heckmann,* DSGVO – BDSG, Art. 33 Rdnr. 77 ff.

[20] Mehr zu den Betroffenenrechte in Kap. 6.

Zu dokumentieren ist insbesondere auch die Kommunikation mit der betroffenen Person. Es ist darauf zu achten, dass nur diejenige Person Informationen und Mitteilungen erhält, die dazu berechtigt ist. Es muss die Identität des Antragstellers nachgewiesen werden.[21]

[21] *Conrad* in *Auer-Reinsdorff/Conrad,* Handbuch IT-Recht und Datenschutzrecht, § 34 Recht des Datenschutzes Rdnr. 568.

Datenschutzbeauftragte (DSB) 10

Datenschutzbeauftragte (DSB) nehmen in der Organisation des Verantwortlichen eine beratende und überwachende Funktion hinsichtlich der Umsetzung des Datenschutzes ein und spielen im System der DSGVO daher eine zentrale Rolle bei der Einhaltung datenschutzrechtlicher Pflichten. Die DSGVO enthält neben den Regelungen über die Benennungspflicht auch Vorschriften zur Rechtsstellung und zu den Aufgaben des DSB. Diese sollen im folgenden Kapitel erläutert werden.

10.1 Benennungspflicht

Ein DSB *muss* benannt werden, wenn mindestens eine der in Art. 37 Abs. 1 DSGVO genannten Bedingungen vorliegt:

- Eine Verarbeitung personenbezogener Daten wird durch eine **Behörde oder andere öffentliche Stelle** vorgenommen.
- Die Kerntätigkeit des Verantwortlichen oder des Auftragsverarbeiters besteht in Verarbeitungsvorgängen, die aufgrund der Art, des Umfangs oder der Zwecke der Verarbeitung eine **umfangreiche regelmäßige und systematische Überwachung** von betroffenen Personen erforderlich machen.
- Die Kerntätigkeit des Verantwortlichen oder des Auftragsverarbeiters besteht in der umfangreichen Verarbeitung personenbezogener Daten **besonderer Kategorien** (Art. 9 DSGVO) oder von Daten über **strafrechtliche Verurteilungen und Straftaten** (Art. 10 DSGVO).

A. Selzer et al., *Datenschutzrecht kompakt*, Rechtsrahmen der Cybersicherheit und Privatheit,
https://doi.org/10.1007/978-3-658-51742-7_10

Ein DSB ist unabhängig von diesen Bedingungen auch dann zu benennen, wenn die Benennung nach dem Recht der Union oder der Mitgliedstaaten vorgeschrieben ist.[1] In Deutschland ergeben sich ergänzende Vorgaben dabei insbesondere aus § 38 Abs. 1 S. 1 BDSG.

Danach ist ein DSB zusätzlich immer dann zu benennen, wenn sich in der Regel **mindestens 20 Personen** ständig mit der automatisierten Verarbeitung personenbezogener Daten beschäftigen. Weiter ist ebenfalls ein DSB erforderlich, wenn der Verantwortliche oder der Auftragsverarbeiter eine Verarbeitung vornimmt, die einer **Datenschutz-Folgenabschätzung** gem. Art. 35 DSGVO unterliegt oder, wenn sie geschäftsmäßig zum Zweck der Übermittlung, der anonymisierten Übermittlung oder für Zwecke der Markt- oder Meinungsforschung Daten verarbeiten.

Darüber hinaus *kann* jeder Verantwortliche oder Auftragsverarbeiter auch **freiwillig** einen DSB benennen.[2]

Die Benennung erfolgt durch die Veröffentlichung der Kontaktdaten des DSB und der Mitteilung an die Aufsichtsbehörden.[3] Eine Frist zur Benennung besteht nach DSGVO und BDSG nicht, sodass eine Benennung unverzüglich[4] zu vollziehen ist, sofern die o. g. Voraussetzungen vorliegen.

Eine schriftliche Benennung des DSB ist zwar nicht vorgeschrieben, jedoch – insbesondere mit Blick auf die Rechenschaftspflicht gem. Art. 5 Abs. 2 DSGVO – empfehlenswert. Ebenso sollte dokumentiert werden, ob die Benennung freiwillig oder aufgrund einer gesetzlichen Pflicht erfolgte.[5]

Behörden oder sonstige öffentliche Stellen sind (sofern sie personenbezogene Daten verarbeiten) grundsätzlich gem. Art. 37 Abs. 1 lit. a DSGVO verpflichtet, einen DSB zu benennen. Von der Pflicht zur Benennung ausgenommen sind lediglich Gerichte, soweit sie im Rahmen ihrer justiziellen Tätigkeit handeln. Entsprechende Sonderregelungen finden sich in Kap. 3 des BDSG.

10.2 Interne DSB

Der DSB kann grundsätzlich ein Beschäftigter des Verantwortlichen oder Auftragsverarbeiters sein.[6] In solchen Fällen spricht man von einem sog. „internen DSB".

[1] Art. 37 Abs. 4 S. 1 Hs. 2 DSGVO.

[2] Art. 37 Abs. 4 S. 1 Hs. 1 DSGVO.

[3] Art. 37 Abs. 7 DSGVO.

[4] Mehr zum Begriff der Unverzüglichkeit in Abschn. 4.4.

[5] *Art.-29-Gruppe,* WP 243 rev.01, S. 6; *Conrad/Treeger* in *Auer-Reinsdorff/Conrad,* Handbuch IT-Recht und Datenschutzrecht, § 34 Rdnr. 370.

[6] Art. 37 Abs. 6 DSGVO.

Innerhalb eines Konzerns besteht die Möglichkeit, einen **Konzerndatenschutzbeauftragten** zu benennen. Dieser **gemeinsame DSB** ist dann für die gesamte Unternehmensgruppe zuständig. Allerdings ist Voraussetzung, dass er von jeder Niederlassung leicht zu erreichen ist.[7]

Der interne DSB hat nach seiner Benennung eine gewisse Sonderstellung im Unternehmen. Diese ist insbesondere in Art. 38 DSGVO geregelt und soll im Folgenden genauer erläutert werden.

10.2.1 Stellung im Unternehmen

Der DSB **„berichtet"** gem. Art. 38 Abs. 3 S. 3 DSGVO unmittelbar **der höchsten Managementebene** des Verantwortlichen oder Auftragsverarbeiters, was im Sinne einer direkten Unterstellung zu verstehen ist.[8] Es ist sicherzustellen, dass der DSB bei der Erfüllung seiner Aufgaben keine Anweisungen bezüglich der Ausübung dieser Aufgaben erhält.[9]

Zentral ist, dass der DSB auch andere Aufgaben und Pflichten im Unternehmen wahrnehmen darf. Der Verantwortliche oder Auftragsverarbeiter muss in einem solchen Fall jedoch sicherstellen, dass derartige Aufgaben und Pflichten nicht zu einem Interessenkonflikt führen.[10]

10.2.2 Abberufungsschutz, Benachteiligungsverbot und Kündigungsschutz

Dem DSB wird gem. Art. 38 Abs. 3 S. 2 DSGVO ein **Abberufungsschutz** sowie ein **Benachteiligungsverbot** gewährt. Es ist anzunehmen, dass für eine Abberufung ein sachlicher Grund vorliegen muss, der nicht im Zusammenhang mit der Amtsführung des Datenschutzbeauftragten stehen darf – die Ausnahme hierzu bildet der Fall von schwerwiegenden Verfehlungen des Datenschutzbeauftragten.[11]

[7] Art. 37 Abs. 2 DSGVO, ausführlicher zu den Details unter anderem *Bergt* in *Kühling/Buchner,* DSGVO/BDSG, Art. 37 Rdnr. 27 ff.

[8] *Scheja* in *Taeger/Gabel,* DSGVO-BDSG-TTDSG, Art. 38 Rdnr. 1.

[9] Art. 38 Abs. 3 S. 1 DSGVO.

[10] Art. 38 Abs. 6 DSGVO.

[11] *Bergt* in *Kühling/Buchner,* DSGVO/BDSG, Art. 37 Rdnr. 47.

Auch der betriebsbedingte Wegfall der Benennungspflicht des Verantwortlichen oder des Auftragsverarbeiters stellt einen Grund für eine Abberufung dar.[12]

Die DSGVO gewährt dem DSB **keinen Kündigungsschutz.** Für öffentliche Stellen in Deutschland finden sich jedoch entsprechende Vorschriften in § 6 Abs. 4 S. 2 und 3 BDSG.

10.3 Externe DSB

Der Verantwortliche bzw. der Auftragsverarbeiter ist jedoch keinesfalls dazu verpflichtet, einen seiner Beschäftigten als DSB zu benennen. Gem. Art. 37 Abs. 6 DSGVO kann der DSB seine Aufgaben auch auf der Grundlage eines Dienstleistungsvertrags erfüllen. In solchen Fällen wird er dann regelmäßig „externer DSB" genannt.

Aus Sicht der benennenden Stelle kann die Benennung eines externen DSB vorteilhaft sein, da diese in der Regel bereits relevante Erfahrungen und Kenntnisse vorweisen und somit keine eigenen Mitarbeiter ausgebildet werden müssen (sofern das Wissen nicht bereits in der Organisation vorhanden ist).

Es ist umstritten, ob auch juristische Personen als DSB benannt werden können. Insgesamt scheint jedoch mehr *für* die grundsätzliche Möglichkeit der Ernennung einer juristischen Person als externem DSB zu sprechen.[13]

10.4 Anforderungen

Gem. Art. 37 Abs. 5 DSGVO wird der DSB grundsätzlich auf der Grundlage seiner **beruflichen Qualifikation und insbesondere des Fachwissens** benannt, das er auf dem Gebiet des Datenschutzrechts und der Datenschutzpraxis besitzt (bzw. sich vor Beginn seiner Tätigkeit im Unternehmen durch entsprechende Schulungen aneignet, sofern ein Bestandsmitarbeiter mit der Rolle eines DSB betraut wird, der über entsprechendes Fachwissen noch nicht verfügt).

Das erforderliche Niveau des Fachwissens sollte sich insbesondere nach den durchgeführten Datenverarbeitungsvorgängen und dem erforderlichen Schutz für die verarbeiteten personenbezogenen Daten richten.[14] Somit kann es sein, dass ein

[12] *Bergt* in *Kühling/Buchner,* DSGVO/BDSG, Art. 37 Rdnr. 44.

[13] Mehr zu diesem Streit beispielsweise bei *Paal* in *Paal/Pauly,* DSGVO BDSG, Art. 37 Rdnr. 15 f. und *Helfrich* in *Sydow/Marsch,* DSGVO | BDSG, Art. 37 Rdnr. 117 ff.

[14] Erwg. 97 S. 3 DSGVO.

bei der Benennung des DSB als ausreichend erachtetes Fachwissen später – mit einer Erhöhung des Risikos für die betroffenen Personen – nicht mehr ausreichend ist. In solchen Fällen muss der bereits benannte DSB sich entweder das entsprechend notwendige Fachwissen aneignen oder es muss ein neuer DSB mit mehr Fachwissen benannt werden.[15]

Der DSB muss weiter die Fähigkeit besitzen die in Art. 39 DSGVO benannten Aufgaben umzusetzen.[16] Dies setzt eine **zuverlässige und integre Arbeitsweise** sowie ein **hohes Maß an Kommunikationsfähigkeit** des DSB voraus.[17]

Weiter ist sicherzustellen, dass **keine Interessenkonflikte** bestehen.[18] Der DSB darf insbesondere nicht in die Situation kommen, sich selbst kontrollieren zu müssen. Insbesondere entscheidungsbefugte Beschäftigte im Personal- oder IT-Bereich kommen deswegen häufig nicht als DSB infrage. Auch sollte der DSB nicht gleichzeitig der IT-Sicherheitsbeauftragte sein.[19]

10.5 Rechte und Aufgaben

Im Folgenden sollen die Rechte und Aufgaben des DSB erläutert werden.

10.5.1 Rechte

Der DSB hat zunächst einen Anspruch auf **Einbindung und Unterstützung.** Er ist ordnungsgemäß und frühzeitig in alle mit dem Schutz personenbezogener Daten zusammenhängenden Fragen einzubinden.[20] Insbesondere hat der Verantwortliche bzw. der Auftragsverarbeiter ihn bei der Planung oder Änderung bestehender Verfahren oder Produkte zu konsultieren.[21]

---

[15] *Helfrich* in Sydow/Marsch, DSGVO I BDSG, Art. 37 Rdnr. 114.

[16] Art. 37 Abs. 5 DSGVO.

[17] *Paal* in *Paal/Pauly,* DSGVO BDSG, Art. 37 Rdnr. 13; *Niklas/Faas* in NZA 2017, 1091 (1093).

[18] Art. 38 Abs. 6 S. 2 DSGVO.

[19] *BfDI,* Die Datenschutzbeauftragten in Behörden und Betrieben, S. 15 f. (https://www.bfdi.bund.de/SharedDocs/Downloads/DE/Broschueren/INFO4.pdf?blob=publicationFile&v=13)

[20] Art. 38 Abs. 1 DSGVO.

[21] Bergt/Herbot in Kühling/Buchner, DSGVO/BDSG, Art.38 Rdnr.13.

Die benennende Stelle muss dem DSB außerdem **Zugang zu allen personenbezogenen Daten und Verarbeitungsvorgängen** gewähren.[22] Der DSB muss somit nicht nur mit den entsprechenden Zugriffsrechten und Programmen ausgestattet werden, sondern auch Zutritt zu allen Räumlichkeiten erhalten, in denen personenbezogene Daten verarbeitet werden – einschließlich der des Auftragsverarbeiters. Der Verantwortliche ist insoweit grundsätzlich verpflichtet seinem Datenschutzbeauftragten entsprechende Kontrollrechte im AV-Vertrag vorzubehalten.[23]

Weiter ist der DSB auch mit den **für seine Aufgabenerfüllung notwendigen Ressourcen** auszustatten.[24] Dies umfasst materielle Ressourcen, wie bspw. Software, EDV-Anlagen, Literatur, aber auch Mitarbeiter sowie finanzielle Mittel.[25]

Darüber hinaus sind dem DSB die **zur Erhaltung seines Fachwissens erforderlichen Ressourcen** zur Verfügung zu stellen.[26] Dem DSB sollte ermöglicht werden, sich in Bezug auf aktuelle Entwicklungen im Datenschutz kontinuierlich fortzubilden, etwa durch den Besuch von Workshops.[27]

10.5.2 Aufgaben

Die Aufgaben des DSB sind insbesondere in Art. 39 Abs. 1 DSGVO aufgezählt. Danach obliegen dem DSB zumindest folgende Aufgaben:

- Die **Unterrichtung und Beratung** des Verantwortlichen bzw. des Auftragsverarbeiters und der Beschäftigten, die Verarbeitungen durchführen, hinsichtlich ihrer datenschutzrechtlichen Pflichten,
- die **Überwachung der Einhaltung der DSGVO** und anderer einschlägiger Datenschutzvorschriften durch den Verantwortlichen bzw. den Auftragsverarbeiter,
- die **Überwachung der Einhaltung der datenschutzrechtlichen Strategien** des Verantwortlichen bzw. des Auftragsverarbeiters,
- die Beratung im Zusammenhang mit der Durchführung einer **Datenschutz-Folgenabschätzung** und
- die **Zusammenarbeit mit der Aufsichtsbehörde.**

---

[22] Art. 38 Abs. 2 DSGVO.

[23] *Bergt* in *Kühling/Buchner,* DSGVO/BDSG, Art. 38 Rdnr. 19.

[24] Art. 38 Abs. 2 DSGVO.

[25] *Bergt* in *Kühling/Buchner,* DSGVO/BDSG, Art. 38 Rdnr. 21.

[26] Art. 38 Abs. 2 DSGVO.

[27] *Leitlinien der Art.-29-Gruppe,* WP 243 rev.01, S. 17.

Der DSB hat nach Art. 39 Abs. 2 DSGVO seine Aufgaben so zu erfüllen, dass dem mit dem jeweiligen Verarbeitungsvorgang verbundenen Risiko gebührend Rechnung getragen wird und Art, Umfang, Umstände und Zwecke der Verarbeitung berücksichtigt werden. Er hat mithin die Pflicht zur **risikobasierten Tätigkeit.**[28]

[28] *Conrad/Teger* in *Auer-Reinsdorff/Conrad,* § 34 Recht des Datenschutzes, Rdnr. 384.

Beschäftigtendatenschutz 11

Das nachfolgende Kapitel beschäftigt sich mit den Regelungen zum Beschäftigtendatenschutz in der DSGVO, dem BDSG und weiteren einschlägigen Rechtsakten.

11.1 Beschäftigtendatenschutz in DSGVO und BDSG

Arbeitgeber verfügen in der Regel über umfangreiche Daten über ihre Beschäftigten. Typische Verarbeitungen betreffen bspw. die Kontrolle der Leistung und des Verhaltens der Beschäftigten.[1] Insbesondere vor dem Hintergrund des Arbeits- und **Abhängigkeitsverhältnisses** sind spezielle datenschutzrechtliche Regelungen sinnvoll. Diese sind jedoch innerhalb der DSGVO nicht detailliert enthalten, sodass der Beschäftigtendatenschutz maßgeblich durch die Mitgliedstaaten geregelt wird.

11.1.1 Beschäftigtendatenschutz in der DSGVO

Die DSGVO ist grundsätzlich auch auf die Verarbeitung von Beschäftigtendaten im Rahmen des Beschäftigungsverhältnisses anwendbar. Art. 88 DSGVO enthält eine Öffnungsklausel für die Verarbeitung personenbezogener Daten im Beschäftigungskontext. Danach können spezifischere Vorschriften durch Mitglied-

[1] *Ströberl/Wybitul* in *Specht/Mantz*, Handbuch Europäisches und deutsches Datenschutzrecht, § 10 Beschäftigtendatenschutz, Rdnr. 1.

A. Selzer et al., *Datenschutzrecht kompakt*, Rechtsrahmen der Cybersicherheit und Privatheit,
https://doi.org/10.1007/978-3-658-51742-7_11

staaten entweder mittels **Rechtsvorschriften** oder **Kollektivvereinbarungen** vorgesehen werden.[2]

Art. 88 Abs. 2 DSGVO enthält Einschränkungen für die Öffnungsklausel in Art. 88 Abs. 1 DSGVO. Demnach sind mitgliedstaatliche Vorschriften dann rechtmäßig, wenn sie „geeignete und besondere Maßnahmen zur Wahrung der menschlichen Würde, der berechtigten Interessen und der Grundrechte der betroffenen Person" enthalten. Die Maßnahmen sollen v. a. die Transparenz der Verarbeitung, bei der Übermittlung personenbezogener Daten innerhalb von Unternehmensverbänden und beim Einsatz von Überwachungssystemen schützen und gelten für gesetzliche Regelungen und Kollektivvereinbarungen.[3]

11.1.2 Beschäftigtendatenschutz im BDSG

In § 26 BDSG wird von der Öffnungsklausel des Art. 88 DSGVO Gebrauch gemacht, sodass der Beschäftigtendatenschutz neben Kollektivvereinbarungen maßgeblich an dieser Stelle geregelt wird.

Die Vorschrift gilt für Beschäftigte i. S. d. § 26 Abs. 8 BDSG. Dazu zählen Beschäftigte, Leiharbeitnehmer, Auszubildende, Rehabilitanden, Beschäftigte in Behindertenwerkstätten, Freiwillige, die ein soziales oder ökologisches Jahr ableisten, arbeitnehmerähnliche Personen, Beamte, Bewerber und Personen, deren Beschäftigungsverhältnis beendet ist.[4]

Gem. § 26 Abs. 1 S. 1 BDSG dürfen personenbezogene Daten von Beschäftigten für **Zwecke des Beschäftigungsverhältnisses** verarbeitet werden, wenn dies für die Entscheidung über die Begründung, zur Durchführung oder für die Beendigung des Beschäftigungsverhältnisses erforderlich ist.

Neben der Verarbeitung für Zwecke des Beschäftigungsverhältnisses, dürfen Beschäftigtendaten gem. § 26 Abs. 1 S. 1 BDSG auch dann verarbeitet werden, wenn dies zur Ausübung oder Erfüllung der, sich aus einem Gesetz, einem Tarifvertrag oder einer Betriebs- oder Dienstvereinbarung ergebenden Rechte und Pflichten der Interessenvertretung der Beschäftigten erforderlich ist. Hierbei geht es um die Datenübermittlungen des Arbeitgebers an die jeweilige Interessenvertretung und um Datenverarbeitungen durch die Mitarbeitervertretung.[5]

---

[2] *Wolff* in *Schantz/Wolff*, Das neue Datenschutzrecht, Besondere Verarbeitungssituation Rdnr. 1336.

[3] Maschmann in Kühling/Buchner, DSGVO/BDSG, Art. 88 Rdnr. 46.

[4] *Riesenhuber* in *Wolff/Brink*, BeckOK Datenschutzrecht, § 26 Rdnr. 21 ff.

[5] *Gola/Pötters* in *Gola/Heckmann*, BDSG, § 26 Rdnr. 39 f.

Zentral ist in beiden Fällen die **Erforderlichkeit der Verarbeitung.** Die Verarbeitung muss geeignet sein den Verarbeitungszweck zu erfüllen, ohne dass ein milderes, weniger beeinträchtigendes Mittel zur Verfügung steht. Zudem bedarf es einer Interessenabwägung der Rechte und Interessen des Verantwortlichen und der betroffenen Person.[6]

Weiterhin erlaubt § 26 Abs. 1 S. 2 DSGVO die Verarbeitung von Beschäftigtendaten zur **Aufdeckung von Straftaten.** Unter die strengen Anforderungen der Norm fallen jedoch lediglich Verarbeitungen, die besonders eingriffsintensiv sind, wie bspw. Videoüberwachung oder die Überprüfung der E-Mail-Korrespondenz von Beschäftigten.[7] Daher sind die Voraussetzungen für diesen Tatbestand eng formuliert. So muss ein Verdacht für eine begangene Straftat vorliegen, der durch tatsächliche Anhaltspunkte begründet ist und eine Straftat im Beschäftigungsverhältnis begangen worden sein, wobei die Verarbeitung zum Zweck der Aufdeckung erfolgt. Der Tatverdacht ist zu dokumentieren und die Datenverarbeitung muss zur Aufdeckung erforderlich sein. Es darf ihr kein überwiegendes schutzwürdiges Interesse der betroffenen Person entgegenstehen, insbesondere keine Unverhältnismäßigkeit von Art und Ausmaß der Maßnahme gegenüber ihrem Anlass.[8]

Einwilligungen im Beschäftigungskontext werden in § 26 Abs. 2 BDSG geregelt. Grundsätzlich gelten die in der DSGVO festgelegten materiellen Voraussetzungen für eine wirksame Einwilligung auch im Beschäftigungskontext. Insofern muss eine Einwilligung freiwillig, bestimmt, informiert und transparent erfolgen. Besondere Anforderungen bestehen in Bezug auf die Freiwilligkeit und die Formerfordernisse – dies soll dem Umstand Rechnung tragen, dass bei einer wirtschaftlichen Abhängigkeit zum eigenen Arbeitgeber die Anforderung an die Freiwilligkeit einer Einwilligung i. d. R. mit besonderen Herausforderungen einhergeht.[9]

In § 26 Abs. 3 BDSG wird die Verarbeitung personenbezogener Daten **besonderer Kategorien** (→ Abschn. 5.2) zu Beschäftigungszwecken geregelt. Abweichend von Art. 9 DSGVO ist diese zulässig, wenn sie zur Ausübung von Rechten oder zur Erfüllung rechtlicher Pflichten aus dem Arbeitsrecht, dem Recht der sozialen Sicherheit und dem Sozialschutz erforderlich ist. Beispiele sind Verarbeitungen zu Zwecken der Renten- und Krankenversicherung, Sozialhilfe, Woh-

---

[6] *Gola/Pötters* in *Gola/Heckmann,* BDSG, § 26 Rdnr. 26 f.

[7] *Gola/Pötters* in *Gola/Heckmann,* BDSG §, 26 Rdnr. 56, *Zöll* in *Taeger/Gabel,* DSGVO-BDSG-TTDSG, § 26 Rdnr. 64.

[8] *Zöll* in *Taeger/Gabel,* DSGVO-BDSG-TTDSG, § 26 Rdnr. 65.

[9] *Conrad/Treeger* in *Auer-Reinsdorff,* Handbuch IT-Recht und Datenschutzrecht, § 34 Recht des Datenschutzes Rdnr. 338.

nungs-, Familien- oder Ausbildungsförderung. Darüber hinaus darf kein Grund zur Annahme bestehen, dass das schutzwürdige Interesse der betroffenen Person an dem Ausschluss der Verarbeitung überwiegt. Es ist somit eine Interessensabwägung vorzunehmen.[10] Wenn die Verarbeitung nicht durch den gesetzlichen Tatbestand des § 26 Abs. 3 S. 1 BDSG erlaubt ist, kann sie durch die freiwillige, informierte Einwilligung der betroffenen Person gem. Art. 9 Abs. 2 lit. a DSGVO gerechtfertigt werden. Auch hier gelten die Besonderheiten des § 26 Abs. 2 BDSG.

11.1.3 Datengeheimnis

Gem. Art. 5 Absatz 1 lit. f DSGVO muss eine angemessene **Sicherheit** für personenbezogene Daten gewährleistet werden. Im Kontext des innerbetrieblichen Datenschutzes hat sich dabei die **Verpflichtung von Personen auf das Datengeheimnis** bewährt. Eine solche Verpflichtung ist auch regelmäßig sinnvoll und oftmals sogar erforderlich, um der Pflicht aus Art. 24 DSGVO nachzukommen, durch das Vorliegen technischer und organisatorischer Maßnahmen die DSGVO-konforme Datenverarbeitung sicherzustellen und nachzuweisen.[11]

Da eine Verpflichtungserklärung nur sinnvoll ist, wenn sie vor Beginn einer datenverarbeitenden Tätigkeit erfolgt, sollte sie dementsprechend zum Zeitpunkt der Unterzeichnung des Arbeitsvertrages stattfinden.[12] Die Verpflichtungserklärung sollte jedoch ein gesondertes Dokument sein, das möglichst nicht in der Fülle der Dokumente verschwindet.

11.2 Betriebsrat

Im Betriebsverfassungsgesetz (kurz: BetrVG) sind zahlreiche Beteiligungsrechte vorgesehen, die dem Betriebsrat in Bezug auf Persönlichkeitsschutz sowie Datenschutz wichtige Funktionen zuteilen. Diese Beteiligungsrechte betreffen bspw. die Überwachung bestimmter datenschutzrechtlicher Vorgaben und die Ausgestaltung von Kollektiv- und Betriebsvereinbarungen.

---

[10] *Riesenhuber* in *Wolff/Brink*, BeckOK Datenschutzrecht, DSGVO/BDSG § 26 Rdnr. 34 f.

[11] *Tödtman/Kaluza-Krieg* in *Maschmann/Sieg/Göpfert Vertragsgestaltung im Arbeitsrecht,* Kap. 3 Compliance Verpflichtungen, Rdnr. 89.

[12] DSK, Kurzpapier Nr. 19, S. 1 f.

11.2.1 Datenschutzrechtliche Rolle des Betriebsrats

Betriebsrat und Arbeitgeber haben nach § 75 Abs. 1 BetrVG eine Überwachungspflicht in Bezug auf die Grundsätze von Recht und Billigkeit und gem. § 75 Abs. 2 BetrVG die Pflicht die freie Entfaltung der **Persönlichkeit der im Betrieb Beschäftigten zu schützen und zu fördern.** Daraus ergibt sich die Pflicht zur Wahrung der Datenschutzrechte der einzelnen Arbeitnehmer durch Betriebsrat und Arbeitgeber.

Die den Betriebsrat betreffenden datenschutzrechtlichen Regelungen werden in § 79a BetrVG näher beschrieben. Danach hat der Betriebsrat bei der Verarbeitung personenbezogener Daten die datenschutzrechtlichen Vorschriften einzuhalten. Im Falle der Datenverarbeitung durch den Betriebsrat ist gem. § 79a S. 2 BetrVG der Arbeitgeber Verantwortlicher. Arbeitgeber und Betriebsrat sind jedoch verpflichtet, sich gegenseitig bei der Einhaltung der datenschutzrechtlichen Vorschriften zu unterstützen. Gleichzeitig ist der Betriebsrat der „Wächter des Beschäftigtendatenschutzes“.[13]

11.2.2 Mitbestimmung durch den Betriebsrat

Durch den § 87 BetrVG wird die Verpflichtung des Arbeitgebers und des Betriebsrats aus § 75 Abs. 2 S. 1 BetrVG ergänzt, die freie Entfaltung der Persönlichkeit der Beschäftigten zu schützen und zu fördern. Darin werden **mitbestimmungspflichtige Angelegenheiten** des Betriebsrats näher beschrieben. Grundsätzlich hat der Betriebsrat gem. § 87 Abs. 1 Nr. 6 BetrVG bei der Einführung und Anwendung von technischen Einrichtungen, die dazu bestimmt sind, das **Verhalten oder die Leistung von Beschäftigten zu überwachen,** mitzubestimmen. Dabei reicht es aus, wenn die technische Einrichtung dazu geeignet ist, das Verhalten oder die Leistung zu kontrollieren. Auf eine Überwachungsabsicht des Arbeitgebers kommt es nicht an. Unerheblich ist auch, wie geringfügig eine Überwachung ist. Mitbestimmungspflichtig sind grundsätzlich unter anderem Abhörgeräte, maschinelle Arbeitszeiterfassung, Fahrtenschreiber, Fernseh- oder Videokameras, Fotoapparate, Multimomentkameras, Stempeluhren, Zugangskontrollsysteme sowie die Einführung von Microsoft Office.[14]

[13] *Gola/Pötters* in *Gola/Heckmann,* DSGVO – BDSG,. § 26 Rdnr. 17.

[14] *Kania* in *Erfurter Kommentar zum Arbeitsrecht* BetrVG § 87 Rdnr. 62.

12 Haftung, Straf- und Bußgeldvorschriften

Im folgenden Kapitel soll es um die Haftung, Straf- und Bußgeldvorschriften im Kontext des Datenschutzes gehen.

Haftung begründet – sehr allgemein formuliert – die Pflicht zur „Abnahme eines Schadens durch den zurechenbaren Verursacher“.[1] Man könnte somit vereinfacht sagen: Das Haftungsrecht rechnet entstandene Schäden der hierfür verantwortlichen Person zu.

Regelmäßig wird eine grundsätzliche Unterscheidung zwischen vertraglicher und außervertraglicher (auch „deliktische“ oder „gesetzliche“) Haftung vorgenommen.[2]

12.1 Schadensersatzhaftung

12.1.1 Aus Unionsrecht

Art. 82 DSGVO statuiert eine eigenständige deliktische Haftungsnorm zugunsten der betroffenen Person und umfasst sowohl **materielle** als auch **immaterielle Schäden.**[3] Die Vorschrift ist nicht dispositiv. Sie kann also nicht (z.B. durch Absprache) modifiziert werden.[4]

[1] 1 *Öry,* Kollektivität im Haftungsrecht, S. 2; *Zeller:* Haftungsbeschränkungen des BGB, S. 19.

[2] *Biermann,* in *Rossaint/ Werner/ Zwißler:* Die Anästhesiologie, S. 2239; *Wagner*: Deliktsrecht, Kap. 1 Rdnr. 9.

[3] *Spindler/Horváth* in *Spindler/Schuster,* Recht der elektronischen Medien, Art. 82 Rdnr. 1.

[4] *Spindler/Horváth* in *Spindler/Schuster,* Recht der elektronischen Medien, Art. 82 Rdnr. 12.

A. Selzer et al., *Datenschutzrecht kompakt*, Rechtsrahmen der Cybersicherheit und Privatheit,
https://doi.org/10.1007/978-3-658-51742-7_12

Gem. Art. 82 Abs. 1 DSGVO ist „jede Person“ anspruchsberechtigt, die einen Schaden aufgrund eines Verstoßes gegen die DSGVO erlitten hat. Gemeint sind hier jedoch ausschließlich betroffene Personen wie auch aus Erwgr. 146 S. 6 DSGVO hervorgeht.[5]

Der Anspruch setzt einen **Verstoß** voraus. „Verstoß“ meint dabei eine mit der Verordnung nicht in Einklang stehende Verarbeitung.[6] Zudem muss die betroffene Person aufgrund dieses Verstoßes einen **Schaden** erlitten haben.

Sog. **materielle Schäden** sind dabei grundsätzlich alle Nachteile, die der Geschädigte an seinem Vermögen oder an sonst rechtlich geschützten Gütern erleidet.[7] Dabei sind vor allem Vermögensschäden erfasst, wie etwa eine Nichteinstellung oder Kündigung des Arbeitsverhältnisses auf Grundlage von falschen Informationen oder Kreditverträge mit schlechteren Konditionen wegen fehlerhafter Bonitätswerte.[8]

Jedoch sind gem. Art. 82 Abs. 1 DSGVO explizit auch **immaterielle Schäden** erfasst. Hierunter fällt beispielsweise Rufschädigung oder der Kontrollverlust über die eigenen Daten.[9]

Nach Art. 82 Abs. 2 DSGVO haftet sowohl der Verantwortliche als auch der Auftragsverarbeiter gegenüber dem Geschädigten **unmittelbar.**

Mit Blick auf den Verantwortlichen genügt dabei schon die **Beteiligung** an der Verarbeitung.[10] Der Begriff der „Beteiligung“ ist hierbei weit auszulegen, sodass der Verantwortliche auch dann haftet, wenn er selbst nicht unmittelbar an der schädlichen Handlung beteiligt war (z.B. bei Datenübermittlung und/ oder -weiterverarbeitung durch Hacker, die aufgrund mangelhaft umgesetzter technischer und organisatorischer Maßnahmen durch den Verantwortlichen personenbezogene Daten unrechtmäßig abgreifen konnten).[11]

Dagegen wird der Auftragsverarbeiter **privilegiert.** Er haftet lediglich in Fällen, in denen er seinen spezifischen Pflichten nicht nachkommt.[12] Dies kann z.B. bei Missachtung der Weisungen des Verantwortlichen oder unzulässiger Beauftragung

---

[5] *Spittka,* GRUR-Prax 2019, 4 (5 f.); *Spindler/Horváth* in *Spindler/Schuster*, Recht der elektronischen Medien, Art. 82 Rdnr. 7.

[6] *Spindler/Horváth* in *Spindler/Schuster,* Recht der elektronischen Medien, Art. 82 Rdnr. 7.

[7] *Bergt* in *Kühling/Buchner,* DSGVO/BDSG, Art. 82 Rdnr. 19; *Moos/Schefzig* in *Taeger/Gabel,* DSGVO-BDSG-TTDSG, Art. 82 Rdnr. 29.

[8] *Bergt* in *Kühling/Buchner,* DSGVO/BDSG, Art. 82 Rdnr. 19.

[9] *Moos/Schefzig* in *Taeger/Gabel,* DSGVO-BDSG-TTDSG, Art. 82 Rdnr. 31; weitere Beispiele z.B. bei *Wybitul/Haß/Albrecht,* NJW 2018, 113 (114).

[10] Art. 82 Abs. 2 S. 1 DSGVO.

[11] Berget in Kühling/Buchner, DSGVO/BDSG, Art. 82 Rdnr. 22.

[12] Art. 82 Abs. 2 S. 2 DSGVO.

eines Unterauftragsverarbeiters der Fall sein. Dabei ist kein Verschulden, sondern lediglich ein objektiv pflichtwidriges Fehlverhalten gefordert.[13]

Gem. Art. 82 Abs. 3 DSGVO ist eine **Haftungsbefreiung** nur dann möglich, wenn der Verantwortliche bzw. Auftragsverarbeiter nachweist, dass er in keinerlei Hinsicht für den Umstand, durch den der Schaden eingetreten ist, verantwortlich ist. Ein **Verschulden wird** somit **vermutet** und die Beweislast liegt bei dem Verantwortlichen bzw. Auftragsverarbeiter. Dagegen müssen alle weiteren Tatbestandsmerkmale von den betroffenen Personen nachgewiesen werden.[14]

Art. 82 Abs. 4 DSGVO regelt die **gesamtschuldnerische Haftung.** Danach haften mehrere Verantwortliche/Auftragsverarbeiter, wenn sie an der gleichen Datenverarbeitung beteiligt und gemeinsam für den Schaden verantwortlich sind, nach außen als Gesamtschuldner. Es haftet also jeder Verantwortliche bzw. jeder Auftragsverarbeiter für den gesamten Schaden, damit ein wirksamer Schadensersatz für die betroffene Person sichergestellt ist.

Art. 82 Abs. 5 DSGV regelt sodann den Innenausgleich der gem. Art. 82 Abs. 4 DSGVO gesamtschuldnerisch haftenden Beteiligten. Danach hat derjenige, der im Außenverhältnis den gesamten Schadensersatz bzw. einen höheren Haftungsanteil leistet, eine **Regressmöglichkeit**[15] gegen den oder die übrigen Schuldner.

Art. 82 DSGVO **gilt nicht ausschließlich und abschließend.** Vielmehr kann der Schadensersatzanspruch parallel zu vertraglichen Haftungsansprüchen oder nationalen deliktischen Normen bestehen.[16]

12.1.2 Haftung aus Vertrag

Ist die Verarbeitung der personenbezogenen Daten selbst Gegenstand eines Vertrags, kann eine unzulässige Verwendung eine Verletzung der Hauptpflicht des Vertrags darstellen. Besteht zwischen dem Verantwortlichen und der betroffenen Person ein Vertragsverhältnis und erfolgt die Datenverarbeitung im Rahmen dieses Vertrags, kann eine unrechtmäßige Verarbeitung dieser personenbezogenen Daten somit zu Schadensersatzansprüchen nach §§ 280 Abs. 1 S. 1 i.V.m. 241 Abs. 2 BGB führen.[17] Die vertragliche Haftung beschränkt sich dabei auf den entstandenen Vermögensschaden.

---

[13] *Frenzel* in *Paal/Pauly,* DSGVO BDSG, Art. 82 Rdnr. 14.

[14] *Spindler/Horváth* in *Spindler/Schuster,* Recht der elektronischen Medien, Art. 82 Rdnr. 11.

[15] Regress (Rückgriff) meint ein „Zurückgreifen eines Ersatzpflichtigen auf einen Dritten", *Schmidt* in Weber kompakt, Rechtswörterbuch, Regress.

[16] Erwgr. 146 S. 4 DSGV0; *Gola/Plitz* in *Gola/Heckmann,* DSGVO – BDSG, Art. 82 Rdnr. 27.

[17] Gola/Piltz in Gola/Heckmann, DSGVO – BDSG, Art.82 Rdnr.28.

12.1.3 Deliktische Haftung des BGB

Bei Datenschutzverstößen kommen auch deliktische Ansprüche aus § 823 Abs. 1 BGB in Betracht, wobei regelmäßig eine Verletzung des allgemeinen Persönlichkeitsrechts i.S.d. Art. 2 Abs. 1 GG i.V.m. Art. 1 Abs. 1 GG als sonstiges Recht relevant ist.[18] Nach § 823 Abs. 2 BGB sind Schadensersatzansprüche möglich, wenn gegen ein den Schutz eines anderen bezweckendes Gesetz verstoßen wird, wobei hierbei den Normen der DSGVO grundsätzlich Schutzcharakter zuzusprechen ist.[19] Zudem können in einzelnen Fällen Ansprüche aus § 824 BGB (Kreditgefährdung) bestehen, wenn eine unzulässige Datenweitergabe an der Kreditwürdigkeit der betroffenen Person zweifeln lässt.[20]

12.2 Bußgelder bei Rechtsverstößen

Während Art. 82 DSGVO den betroffenen Personen Schadensersatzansprüche einräumt, regelt Art. 83 DSGVO die allgemeinen Bedingungen für die Verhängung von Geldbußen durch die Aufsichtsbehörden.

Das Bußgeld muss grundsätzlich in jedem Einzelfall wirksam, verhältnismäßig und abschreckend sein.[21]

Wirksamkeit meint, dass das Bußgeld so bemessen sein muss, dass es im jeweiligen Einzelfall die Einhaltung datenschutzrechtlicher Vorgaben erzwingt.[22]

Verhältnismäßigkeit meint die Festlegung von Bußgeldern unter Berücksichtigung der individuellen wirtschaftlichen Verhältnisse des Verantwortlichen. So sollen dem Unternehmen durch das Bußgeld bspw. nicht die Finanzmittel für die Schaffung datenschutzkonformer Zustände entzogen werden.[23]

Abschreckung ist nicht nur spezialpräventiv in Bezug auf den betroffenen Verantwortlichen zu verstehen, auch soll eine Signalwirkung für andere Unternehmen eintreten.[24] Dieser Grundsatz steht in einem natürlichen Spannungsverhältnis zu dem der Verhältnismäßigkeit, was im Einzelfall aufzulösen ist.[25]

---

[18] BGH, Urteil vom 18.11.2024 – VI ZR 10/24 Rdnr. 56.

[19] Gola/Piltz in Gola/Heckmann, DSGVO – BDSG, Art.82 Rdnr.39.

[20] Gola/Piltz in Gola/Heckmann, DSGVO – BDSG, Art.82 Rdnr.40.

[21] Art. 83 Abs. 1 DSGVO.

[22] *Eckhardt* in *Spindler/Schuster*, Recht der elektronischen Medien, Art. 83 Rdnr. 15.

[23] *Eckhardt* in *Spindler/Schuster*, Recht der elektronischen Medien, Art. 83 Rdnr. 16.

[24] *Frenzel* in *Paal/Pauly*, DSGVO BDSG, Art. 83 Rdnr. 7.

[25] *Eckhardt* in *Spindler/Schuster*, Recht der elektronischen Medien, Art. 83 Rdnr. 17.

Art. 83 Abs. 2 S. 1 DSGVO regelt die Verhängung eines Bußgeldes durch die Aufsichtsbehörde. Art. 83 Abs. 2 S. 2 lit. a – k DSGVO enthält weiter Umstände, die bei der Entscheidung über die Verhängung einer Geldbuße und über deren Betrag in jedem Einzelfall gebührend zu berücksichtigen sind – wie die Art, Schwere und Dauer des Verstoßes, die Vorsätzlichkeit oder Fahrlässigkeit des Verstoßes oder etwaige einschlägige frühere Verstöße des Verantwortlichen oder des Auftragsverarbeiters.

In Art. 83 Abs. 4 – 6 DSGVO folgen dann schließlich die Vorschriften darüber, bei welchem Verstoß, welches Bußgeld verhängt werden kann. Die Höhe des Bußgeldes kann sich dabei auf zwei verschiedene Arten bemessen: Einerseits an der im Gesetz genannten Obergrenze (z. B. 20 Mio € in Art. 83 Abs. 5 DSGVO), aber andererseits bei Unternehmen auch an einem prozentualen Anteil des gesamten weltweit erzielten Jahresumsatzes des vorangegangenen Geschäftsjahrs (z. B. 4 % in Art. 83 Abs. 5 DSGVO), je nachdem, welcher der Beträge höher ist. Dies führt dazu, dass in der Vergangenheit Bußgelder in der Höhe von mehr als eine Milliarde Euro aufgrund von Verstößen gegen die DSGVO verhängt werden konnten.[26]

Die Höhe des Bußgeldes findet lediglich in Art. 83 Abs. 3 DSGVO eine Grenze. Danach darf bei mehreren Verstößen der Gesamtbetrag der Geldbuße nicht den Betrag für den schwerwiegendsten Verstoß übersteigen.

Art. 83 Abs. 7 DSGVO räumt dem nationalen Gesetzgeber die Möglichkeit ein, durch nationale Regelungen zu bestimmen, ob und in welchem Maß Geldbußen gegen Behörden und öffentliche Stellen verhängt werden können. In Deutschland werden gem. § 43 Abs. 3 BDSG keine Bußgelder gegen Behörden verhängt.

Nach Art. 83 Abs. 8 DSGVO muss die Verhängung von Bußgeldern in den Mitgliedsstaaten angemessenen Verfahrensgarantien unterliegen. Der deutsche Gesetzgeber hat in § 41 Abs. 2 BDSG durch den Verweis auf das OWiG, die StPO und das GVG entsprechende Regelungen getroffen.[27]

12.3 Strafsanktionen

Art. 84 DSGVO Abs. 1 S. 1 DSGVO verpflichtet die Mitgliedsstaaten zur Festlegung von weiteren Sanktionen für Verstöße gegen die DSGVO. Diese Sanktionen müssen wirksam, verhältnismäßig und abschreckend sein.[28] Art. 84 DSGVO

[26] So wurde bspw. am 22.05.2023 von der irischen Datenschutzbehörde (DPC) ein Bußgeld von 1,2 Milliarden Euro gegen den Facebook-Mutterkonzern Meta verhängt. https://www.edpb.europa.eu/news/news/2023/12-billion-euro-fine-facebook-result-edpb-binding-decision_en.

[27] *Eckhardt* in *Spindler/Schuster,* Recht der elektronischen Medien, Art. 83 Rdnr. 90.

[28] Art. 84 DSGVO Abs. 1 S. 2 DSGVO.

eröffnet somit den Mitgliedsstaaten die Möglichkeit auch strafrechtliche Konsequenzen für Datenschutzverstöße vorzusehen.

Der deutsche Gesetzgeber hat hiervon in § 42 BDSG Gebrauch gemacht. So sind u. a. Freiheitsstrafen von bis zu drei Jahren möglich, wenn wissentlich nicht allgemein zugängliche personenbezogene Daten einer großen Zahl betroffener Personen einem Dritten übermittelt werden (ohne entsprechende Berechtigung) und hierbei gewerbsmäßig gehandelt wird.

Quellenverzeichnis

Albrecht, Jan Philipp/Jotzo, Florian: Das neue Datenschutzrecht der EU, Baden Baden 2017.

Amazon, AWS DATA PROCESSING ADDENDUM, über: https://d1.aws static.com/legal/aws-gdpr/AWS_GDPR_DPA.pdf.

Art. 29-Datenschutzgruppe: Leitlinien zur Datenschutz-Folgenabschätzung (DSFA) und Beantwortung der Frage, ob eine Verarbeitung im Sinne der Verordnung 2016/679 „wahrscheinlich ein hohes Risiko mit sich bringt", WP 248 Rev. 01, über: https://www.datenschutz-bayern.de/technik/orient/wp248.pdf.

Art. 29-Datenschutzgruppe: Leitlinien in Bezug auf Datenschutzbeauftragte („DSB"), WP 243 Rev.01, über: https://www.datenschutzkonferenz-online.de/media/ wp/20170405_wp243_rev01.pdf.

Art. 29-Datenschutzgruppe: Artikel 29-Gruppe Leitlinien für Transparenz gemäß der Verordnung 2016/679, WP 260 Rev. 01, über: https://www.datenschutz-bayern.de/datenschutzreform2018/wp260rev01_de.pdf.

Auer-Reinsdorff, Astrid/Conrad, Isabell: Handbuch IT- und Datenschutzrecht, 3. Auflage, München 2019.

BfDI: Angemessenheitsbeschluss zum EU-U.S. Data Privacy Framework in Kraft getreten, über https://www.bfdi.bund.de/SharedDocs/Kurzmeldungen/DE/2023/17_Angemessenheitsbeschluss-EU-US-DPF.html.

BfDI: Die Datenschutzbeauftragten in Behörden und Betrieben, über: https://www.bfdi.bund.de/SharedDocs/Downloads/DE/Broschueren/INFO4.pdf?__blob=publicationFile&v=13.BfDI: Europäischer Datenschutzausschluss (EDSA), über: https://www.bfdi.bund.de/DE/Fachthemen/Gremienarbeit/EuropaeischerDatenschutzausschuss/europaeischerdatenschutzausschuss_node.html.

Borges, Georg/Hilber, Marc: BeckOK IT-Recht, 19. Edition, München 2025.

von dem Bussche, Axel Freiherr/Voigt, Paul: Rechtshandbuch Konzerndatenschutz, 2. Auflage, München, 2019.

Datenschutzkonferenz: Kurzpapier Nr. 13 – Auftragsverarbeitung, Art. 28 DSGVO , über: https://www.datenschutzkonferenz-online.de/media/kp/dsk_kpnr_13.pdf. Datenschutzkonferenz: Kurzpapier Nr. 18 – Risiko für die Rechte und Freiheiten natürlicher Personen, über: https://www.datenschutzkonferenz-online.de/media/kp/dsk_kpnr_18.pdf.

A. Selzer et al., *Datenschutzrecht kompakt*, Rechtsrahmen der Cybersicherheit und Privatheit, https://doi.org/10.1007/978-3-658-51742-7

Datenschutzkonferenz: Kurzpapier Nr. 19 - Unterrichtung und Verpflichtung von Beschäftigten auf Beachtung der datenschutzrechtlichen Anforderungen nach der DS-GVO, über: https://www.datenschutzkonferenz-online.de/media/kp/dsk_kpnr_19.pdf.

Datenschutzkonferenz: Liste der Verarbeitungstätigkeiten, für die eine DSFA durchzuführen ist, über: https://www.lda.bayern.de/media/dsfa_muss_liste_dsk_de.pdf.

Dinger, Jochen/Hartenstein, Hannes: Netzwerk- und IT-Sicherheitsmanagement – eine Einführung, Karlsruhe 2008.

Ehmann, Eugen/Selmayr, Martin (Hrsg.): Datenschutz-Grundverordnung – Kommentar, 3. Auflage, München 2024.

Eisenmenger, Florian: Durchführung von Transfer Impact Assessments am Beispiel der VR China - Können personenbezogene Daten noch datenschutzkonform nach China übermittelt werden?, ZD 2023, S. 204.

ENISA, Guidelines for SMEs on the security of personal data processing, Dezember 2016, über: https://www.enisa.europa.eu/sites/default/files/publications/WP2016%203-2%206%20Data%20Controllers%20Risk.pdf.

Engeler, Malte/ Quiel, Phillip: Recht auf Kopie und Auskunftsanspruch im Datenschutzrecht, NJW 2019, S. 2201–2206.

Enzmann, Matthias/Selzer, Annika, Spychalski, Dominik: Data Erasure under the GDPR – Steps towards Compliance, EDPL 3|2019, S. 416–420.

European Commission: Joint Press Statement by European Commissioner for Justice Didier Reynders and U.S. Secretary of Commerce Wilbur Ross, über: https://ec.europa.eu/info/news/joint-press-statement-european-commissioner-justice-didier-reynders-and-us-secretary-commerce-wilbur-ross-7-august-2020-2020-aug-07_en.

European Data Protection Board: 1.2 billion euro fine for Facebook as a result of EDPB binding decision, über: https://www.edpb.europa.eu/news/news/2023/12-billion-euro-fine-facebook-result-edpb-binding-decision_en.

European Data Protection Board: Leitlinien 3/2018 zum räumlichen Anwendungsbereich der DSGVO (Artikel 3), 12.11.2019, über: https://edpb.europa.eu/our-work-tools/our-documents/guidelines/guidelines-32018-territorial-scope-gdpr-article-3-version_de. European Data Protection Board: Leitlinien 05/2020 zur Einwilligung gemäß Verordnung 2016/679, über: https://www.edpb.europa.eu/sites/default/files/files/file1/edpb_guidelines_202005_consent_de.pdf.

European Commission: Adequacy Decisions, über: https://ec.europa.eu/info/law/law-topic/data-protection/international-dimension-data-protection/adequacy-decisions_de.

European Commission, Trans-Atlantic Data Privacy Framework, über: https://ec.europa.eu/commission/presscorner/detail/de/FS_22_2100.

European Data Protection Board: Recommendations 01/2020 on measures that supplement transfer tools to ensure compliance with the EU level of protection of personal data, über: https://edpb.europa.eu/our-work-tools/our-documents/recommendations/recommendations-012020-measures-supplement-transfer_en.

Forgó, Nikolaus/Helfrich, Marcus/Schneider, Jochen: Betrieblicher Datenschutz – Rechtshandbuch, 3. Auflage, München 2019.

Franzen, Martin/Gallner, Inken/Oetker, Hartmut: Kommentar zum europäischen Arbeitsrecht, 5. Auflage, München 2024.

Gierschmann, Sibylle/ Baumgartner, Ulrich: Telekommunikation-Telemedien-Datenschutz-Gesetz, München 2023.

Gola, Peter/Heckmann, Dirk: Datenschutz-Grundverordnung VO (EU) 2016/679 Bundesdatenschutzgesetz – Kommentar, 3. Auflage München 2022.

Gola, Peter/Heckmann, Dirk: BDSG- Bundesdatenschutzgesetz – Kommentar, 13. Auflage, München 2019.

Google Cloud, Cloud Date Processing Addendum (Customers), über: https://cloud.google.com/terms/data-processing-addendum.

Gossen, Heiko/Schramm, Marc: Das Verarbeitungsverzeichnis der DS-GVO – Ein effektives Instrument zur Umsetzung der neuen unionsrechtlichen Vorgaben, ZD 2017, S. 7–13.

Grigat, Maximilian/Jurecz, Stefanie/Kirschner, Sascha/Seidel, Robin/Stepanek, Tobias/Schmidtmann, Achim (Hrsg.): Kosten der IT-Sicherheit – Ein Ausgangspunkt für weitergehende Untersuchungen, Norderstedt 2020.

Haberer, Anno: Anforderungen an Cookie-Banner - Einsatz von Tracking- oder Marketing-Cookies, MMR 2020, S. 810–815.

Hamm, Christoph in Beck'sches Rechtsanwalts-Handbuch, 12 Auflage, München 2022.

Hansen, Marit, Datenschutz-Folgenabschätzung – gerüstet für Datenschutzvorsorge?, DuD 2016, S. 587–591.

Härting, Niko, Datenschutz-Grundverordnung. Das neue Datenschutzrecht in der betrieblichen Praxis, Köln, 2016.

Jasmontaite, Lina/Kamara, Irene/Zanfir-Fortuna, Gabriela/Leucci, Stefano: Data Protection by Design and by Default: Framing Guiding Principles into Legal Obligations in the GDPR, EDPL 2/2018, S. 168–189.

Jorzig, Alexandra/ Sarangi, Frank: Digitalisierung im Gesundheitswesen, 1. Auflage, Berlin 2020.

Jung, Alexander: Datenschutz-(Compliance-)Management-Systeme – Nachweis- und Rechenschaftspflichten nach der DS-GVO, Praktikable Ansätze für die Erfüllung ordnungsgemäßer Datenverarbeitung, ZD 2018, S. 208–213.

Jung, Alexander: Key Performance Indicators zur Messung der Effizienz eines Datenschutz-Management-Systems, CCZ 2018, S. 224–228.

Katko, Peter: Checklisten zur Datenschutz-Grundverordnung (DS-GVO), 2. Auflage, München 2023.

Kipker, Dennis-Kenji (Hrsg.): Cybersecurity, München 2023.

Koreng, Ansgar/Lachenmann, Matthias: Formularhandbuch Datenschutzrecht, 4. Auflage, München 2025.

Kühling, Jürgen/Buchner, Benedikt (Hrsg.): Datenschutz-Grundverordnung/BDSG - Kommentar, 4. Auflage, München 2024.

Leupold, Andreas/Wiebe, Andreas/Glossner, Silke: IT-Recht – Recht, Wirtschaft und Technik der digitalen Transformation, 4. Auflage, München 2021.

Landesbeauftragte für den Datenschutz Niedersachsen, Abschlussbericht 2019 - Querschnittsprüfung der LfD Niedersachsen von 50 Unternehmen zur Umsetzung der seit dem 25. Mai 2018 unmittelbar geltenden Datenschutz-Grundverordnung (EU) 2016/679 (DS-GVO), über https://lfd.niedersachsen.de/download/149301.

Ludwigs, Markus, Handbuch des EU – Wirtschaftsrechts, 63 Auflage, München 2025.

Maschmann, Frank/Sieg, Rainer/ Göpfert, Burkard: Vertragsgestaltung im Arbeitsrecht – Arbeits- und Anstellungsverträge, 4 Auflage, München 2025.

Menke, Simon: Handbuch Kundendatenschutz, Berlin 2022.

Molnár-Gábor, Fruzsina/ Kaffenberger, Laura: EU-US-Privacy-Shield – ein Schutzschild mit Löchern ? - Bedeutung des Austauschs von personenbezogenen Daten in der medizinischen Forschung, ZD 2017, S. 18–24.

Müller-Glöge/ Preis, Ulrich/Gallner, Inken/Schmidt, Ingrid: Erfurter Kommentar zum Arbeitsrecht, 25 Auflage, München 2025.

Niklas, Thomas/Fass, Thomas, Der Datenschutzbeauftragte nach der Datenschutz-Grundverordnung, NZA 2017, S. 1091–1097.

Öry, Marika: Kollektivität im Haftungsrecht, Tübingen 2020.

Paal, Boris P/Pauly, Daniel (Hrsg.): Datenschutz-Grundverordnung – Bundesdatenschutzgesetz, 3. Auflage, München 2021.

Paschke, Marian/Berlit, Wolfgang/Meyer, Claus/Kröner, Lars (Hrsg.): Hamburger Kommentar – Gesamtes Medienrecht, 4. Auflage, Baden-Baden 2021.

Remmertz, Frank/Kast, Christian: Digital Escrow – Rechtsschutz durch Hinterlegung digitaler Wirtschaftsgüter, München 2022

Rieß, Joachim Innovationen der DSGVO in der Praxis – Organisation des Datenschutzes in Unternehmen, DuD 2019, S. 498-501.

Roßnagel, Alexander: Datenlöschung und Anonymisierung – Verhältnis der beiden Datenschutzinstrumente nach DSGVO, ZD 2021, S. 188–192.

Rossaint, Rolf/Werner, Christian/Zwißler (Hrsg.): Die Anästhesiologie, Berlin 2019.

Rost, Martin/Bock, Kirsten: Privacy By Design und die neuen Schutzziele – Grundsätze, Ziele und Anforderungen, DuD 2011, S. 30-35.

Rücker, Daniel/Kugler, Tobias: New European General Data Protection Regulation. A Practitioner's Guide - Ensuring Compliant Corporate Practice, München, 2018.

Schantz, Peter: Die Datenschutz-Grundverordnung – Beginn einer neuen Zeitrechnung im Datenschutzrecht, NJW 2016, S. 1841-1847.

Schantz, Peter/Wolff, Heinrich Amadeus: Das neue Datenschutzrecht – Datenschutz-Grundverordnung und Bundesdatenschutzgesetz in der Praxis, München 2017.

Schläger, Uwe/ Thode/ Jan-Christoph, Handbuch Datenschutz und IT-Sicherheit, 2 Auflage, Berlin 2021.

Schmitz, Barbara/von Dall' Armi, Jonas, Datenschutz-Folgenabschätzung – verstehen und anwenden - Wichtiges Instrument zur Umsetzung von Privacy by Design, ZD 2017, S. 5–64.

Schröder, Georg F.: Datenschutzrecht für die Praxis, 5. Auflage, München 2023.

Selzer, Annika (Hrsg.): Datenschutzrecht – Ein Kommentar für Studium und Praxis, 2. Auflage, Stuttgart 2026.

Annika Selzer: Die technisch-organisatorische Implementierung von Datenschutz in Organisationen unter besonderer Berücksichtigung der wirtschaftlichen Angemessenheit, Wiesbaden 2026.

Selzer, Annika/Woods, Daniel/Böhme, Rainer: An Economic Analysis of Appropriateness under Article 32 GDPR, EDPL 2021, S. 456-470.

Selzer, Annika: The Appropriateness of Technical and Organisational Measures under Article 32 GDPR, EDPL 1| 2021, S. 120–128.

Selzer, Annika: Datenschutzrechtliche Zulässigkeit von Cloud-Computing-Services und deren teilautomatisierte Überprüfbarkeit – Eine Betrachtung unter Anwendung der Datenschutz-Grundverordnung, Wiesbaden 2020.

Simitis, Spiros/Hornung, Gerrit/Spiecker, Indra (Hrsg.): Datenschutzrecht – DSGVO mit BDSG (Kommentar), 2. Auflage, Baden Baden 2025.

Specht, Louisa/Mantz, Reto (Hrsg.): Handbuch Europäisches und deutsches Datenschutzrecht - Bereichsspezifischer Datenschutz in Privatwirtschaft und öffentlichem Sektor, München 2019.

Spindler, Gerald/Schuster, Fabian: Recht der elektronischen Medien – Kommentar, 4. Auflage, München 2019.

Spittka, Jan: Können Wettbewerber wegen DS-GVO-Verstößen abmahnen?, GRUR-Prax 2019, S. 4-6.

Stürmer, Verena: Löschen durch Anonymisieren? - Mögliche Erfüllung der Löschpflicht nach Art. 17 DS-GVO, ZD 2020, S.626-631.

Syckor, Jens/Strufe, Thorsten/Lauber-Rönsberg, Anne: Die Datenschutz-Folgenabschätzung: Ausnahme oder Regelfall? - Wann muss eine Datenschutz-Folgenabschätzung durchgeführt werden?, ZD 2019, S. 390–394.

Sydow, Gernot/Marsch, Nikolaus (Hrsg.): DSGVO I BDSG – Datenschutz-Grundverordnung Bundesdatenschutzgesetz, 3 Auflage, Baden-Baden 2020.

Taeger, Jürgen/ Gabel, Detlev: Kommentar DSGVO – BDSG – TTDSG, 4. Auflage, Frankfurt am Main 2022.

Taeger, Jürgen/ Pohle, Jan: Computerrechts-Handbuch – Informationstechnologie in der Rechts- und Wirtschaftspraxis, 40 Ergänzungslieferung, München 2025.

The White House, FACT SHEET: President Biden Signs Executive Order to Implement the European Union-U.S. Data Privacy Framework, https://www.whitehouse.gov/ briefing--room/statements-releases/2022/10/07/fact-sheet-president-biden-signs-executive-order--to-implement-the-european-union-u-s-data-privacy-framework/.

Wagner, Gerhard: Deliktsrecht, 14 Auflage, München 2021

Weber, Klaus (Hrsg.): Weber kompakt, Rechtswörterbuch, 12 Auflage, München 2025.

Wolff, Heinrich Amadeus/ Brink, Stefan/ v. Ungern-Sternberg, Antje, BeckOK Datenschutzrecht DSGVO, DA, DGA, BDSG. Datenschutz und Datennutzung, 52. Edition, München 2025.

Wybitul, Tim/Haß, Detlef/Albrecht, Jan Philipp: Abwehr von Schadensersatzansprüchen nach der Datenschutz-Grundverordnung, NJW 2018, S. 113–118.

Zeller, Rebecca: Haftungsbeschränkungen des BGB - Funktion und Wirkungsweise, Regenstauf 2013.

Kolibri 360 GmbH
Ferdinand-Jühlke-Straße 7
99095 Erfurt, Deutschland
produktsicherheit@kolibri360.de